Pequeno
tratado
de vida
interior

Frédéric Lenoir

Pequeno tratado de vida interior

Tradução
Clóvis Marques

© Éditions Plon, 2010
Todos os direitos reservados

Todos os direitos desta edição reservados à
Editora Objetiva Ltda.
Rua Cosme Velho, 103
Rio de Janeiro — RJ — Cep: 22241-090
Tel.: (21) 2199-7824 — Fax: (21) 2199-7825
www.objetiva.com.br

Título original
Petit traité de vie intérieure

Capa
Rodrigo Rodrigues

Imagem de capa
© Jonathan Chritchley/Trevillion Images

Revisão
Ana Grillo
Mariana Freire Lopes
Ana Julia Cury

Editoração eletrônica
Abreu's System Ltda.

CIP-BRASIL. CATALOGAÇÃO-NA-FONTE
SINDICATO NACIONAL DOS EDITORES DE LIVROS, RJ

L586p
    Lenoir, Frédéric
        Pequeno tratado de vida interior / Frédéric Lenoir ; tradução Clóvis Marques. - Rio de Janeiro : Objetiva, 2012.
        181p.

        Tradução de: *Petit traité de vie intérieure*
        ISBN 978-85-390-0348-8

        1. Vida espiritual. 2. Autorrealização (Psicologia). I. Título.

12-1511   CDD: 204
                                   CDU: 214

"A felicidade é continuar
desejando aquilo que possuímos."

Santo Agostinho

Sumário

Prólogo 9
Capítulo 1. Dizer "sim" à vida 13
Capítulo 2. Confiar e entregar 23
Capítulo 3. Ser responsável pela própria vida 31
Capítulo 4. Agir e não agir 39
Capítulo 5. Silêncio e meditação 47
Capítulo 6. Conhecimento e discernimento 55
Capítulo 7. Conhece-te a ti mesmo 61
Capítulo 8. A aquisição das virtudes 69
Capítulo 9. Tornar-se livre 77
Capítulo 10. Amor-próprio e cura interior 83
Capítulo 11. A regra de ouro 91
Capítulo 12. Amor e amizade 97
Capítulo 13. Não violência e perdão 107
Capítulo 14. Partilha 117
Capítulo 15. Apego e desapego 125
Capítulo 16. A adversidade é um mestre espiritual 129
Capítulo 17. "Aqui e agora" 137
Capítulo 18. Aprisionar a morte 147
Capítulo 19. O humor 153
Capítulo 20. A beleza 163

Epílogo 169
Adendo: O que é uma vida bem-sucedida? 173
Agradecimentos 181

Prólogo

Existir é um fato, viver é uma arte.

Não escolhemos viver, mas devemos aprender a viver como aprendemos a tocar piano, cozinhar, esculpir na madeira ou na pedra. É o papel da educação. Mas ela se preocupa cada vez menos em transmitir um saber-ser, em proveito de um saber-fazer. Preocupa-se mais em nos ajudar a enfrentar os desafios externos da existência do que os internos: como estar em paz consigo mesmo e com os outros? Como reagir ao sofrimento? Como conhecer a nós mesmos e resolver nossas próprias contradições? Como conquistar uma autêntica liberdade interna? Como amar? Finalmente, como alcançar uma felicidade verdadeira e duradoura, que tenha mais a ver com a qualidade da relação consigo mesmo e com os outros do que com o sucesso social e a aquisição de bens materiais?

Durante milênios, a religião desempenhou esse papel de educação da vida interior. Mas não podemos deixar de constatar que o desempenha cada vez menos. Não só porque exerce muito menos influência sobre as consciências, pelo menos na Europa, mas também porque se enrijeceu. Na maioria das vezes, o que ela oferece são dogmas e normas, quando os indivíduos estão em busca de sentido. Ela proclama credos e regras que a esta altura falam apenas a uma minoria de fiéis, não conseguindo renovar seu olhar, sua linguagem e seus métodos para tocar a alma de nossos contemporâneos, que no entanto continuam a se questionar sobre o enigma de sua existência e a melhor maneira de conduzir bem a vida. Aprisionados entre uma ideologia consumista desumanizante e uma religião dogmática sufocante, voltamo-nos para a filosofia e as grandes correntes de sabedoria da humanidade. Afinal, os sábios de todo o mundo — de Confúcio a Spinoza, passando por Epicuro, Plotino ou Montaigne — legaram-nos chaves que permitem nutrir e desenvolver nossa vida interior: aceitar a vida como ela é, conhecer-se e aprender a discernir, viver no "aqui e agora", ter domínio próprio, buscar o silêncio em si mesmo, saber escolher e perdoar. Essas chaves da sabedoria universal nada perderam de sua pertinência. Ainda hoje nos ajudam a viver, pois se nosso mundo mudou muito, o coração do ser humano continua o mesmo. Apesar de seus 2.500 anos, o diagnóstico do Buda sobre o que leva o homem a ser feliz ou infeliz continua verdadeiro. A constatação socrática sobre a ignorância como fonte de todos os males é de perfeita atualidade. Os ensinamentos de Aristóteles sobre a virtude e a amizade não envelheceram. As máximas de Epiteto, Sêneca ou Marco Aurélio sobre o destino e o livre-arbítrio ainda nos falam de perto.

Em meu caminho pessoal, encontrei desde a adolescência, através de minhas leituras, esses mestres de sabedoria da humanidade. Foram eles que me deram o gosto do belo, do verdadeiro, do bem, para retomar os grandes arquétipos de Platão. Meus estudos de filosofia permitiram-me em seguida aprofundar meus conhecimentos, mas também enriqueci meu percurso interior com duas outras fontes, de naturezas muito diversas: a espiritualidade e a psicologia abissal. Descobri o budismo aos 16 anos, e os ensinamentos do Buda imediatamente me sensibilizaram, por sua pertinência e seu caráter pragmático. Pude aprofundá-los, durante uma longa estada na Índia, através de encontros com lamas tibetanos com os quais também aprendi as bases da meditação. Aos 19 anos, a leitura dos Evangelhos também representou um choque profundo. Minha descoberta de Cristo, não só como um mestre do passado, mas como pessoa viva à qual podemos nos ligar através da prece, marcou minha vida e me conduziu a uma compreensão do cristianismo muito diferente da que tive durante o catecismo na infância. Em seguida, a descoberta da psicanálise freudiana e junguiana, assim como dos diferentes métodos terapêuticos de desenvolvimento pessoal (sofrologia, Gestalt, Rebirth...), ajudou-me a me conscientizar mais de minhas falhas e a curar certas feridas profundas que parasitavam minha vida, levando-me a cenários neuróticos recorrentes.

Este pequeno tratado é fruto, assim, de uma reflexão pessoal elaborada a partir das correntes de sabedoria filosófica do Oriente e do Ocidente, da espiritualidade cristã liberada de sua ganga normativa e da psicologia abissal. Meu único objetivo é oferecer o que me ajudou a viver e a me construir. Para tornar a leitura deste livro acessível ao maior número de pessoas, decidi elaborá-lo em duas etapas. Ele surgiu em forma de ensinamento oral, e em seguida voltei a trabalhar o texto, que no entanto conserva traços dessa oralidade. O que aqui transmito é decorrência sobretudo da experiência: primeiramente, dos sábios nos quais me inspiro e que são citados com frequência, mas também da minha própria experiência, a qual, não obstante uma certa resistência, me seria difícil deixar de expor. Afinal, como seria possível falar de vida interior sem falar de si mesmo? Deve ficar claro, contudo, que de modo algum me considero um modelo: persistem em mim partes na sombra e eu nem sempre consigo pôr em prática os ensinamentos aqui expostos. Mas o certo é que sou hoje muito mais lúcido, apaziguado e, no fim das contas, mais feliz do que no passado. Que este pequeno livro possa ajudar outras almas em sofrimento e em busca da luz a entender que o amor está próximo, que a liberdade interior pode ser encontrada, que a alegria está aí mesmo. Basta abrir os olhos da inteligência e do coração para descobri-los.

1
Dizer "sim" à vida

Todos nós nos defrontamos com certos fatos que não escolhemos, que não quisemos e que de certa forma nos são impostos: é o que eu chamaria de "incontornáveis" da vida. Estamos falando do lugar onde nascemos, de nossa família, da época em que vivemos; de nosso corpo, nossa personalidade e nossa inteligência, nossas capacidades, nossas qualidades, mas também nossos limites e handicaps. Trata-se ainda dos acontecimentos que nos tocam diretamente, mas sobre os quais não exercemos domínio e que não podemos controlar. São as doenças, os imprevistos econômicos, a velhice e a morte. É o "destino" do ser humano.

Podemos recusar tudo isso e querer que as coisas sejam diferentes. Quase todos desejaríamos não envelhecer, nunca ficar doentes, não morrer. Alguns rejeitam sua cultura, sua família, o lugar onde nasceram. Outros não gostam do próprio corpo, do próprio temperamento, e possuem certas limitações físicas ou psíquicas. Essa rejeição é perfeitamente compreensível e legítima. E no entanto a serenidade, a paz interior e a alegria não podem ser alcançadas sem uma aquiescência do que se é e uma aceitação profunda da vida tal como ela se apresenta, com seus elementos inelutáveis. Este "sim" à vida não significa que não devamos procurar evoluir, modificar o que pode ser modificado, contornar obstáculos evitáveis. Podemos deixar um país que nos oprime, afastar-nos de uma família mortífera, desenvolver qualidades, transformar certas limitações físicas ou feridas psicológicas em trunfos. Mas essas mudanças só atuam sobre o que pode ser modificado, e só terão proveito para nós se as efetuarmos sem uma rejeição violenta do dado incontornável de nossa vida. Podemos, assim, interferir na nossa aparência física, mas ninguém pode evitar que o próprio corpo envelheça. Podemos tomar certa distância em relação aos pais e à família, mas será impossível encontrar a paz interior se essa distância repousar num ressentimento permanente, num ódio obstinado, numa recusa do que houve. A sabedoria começa na aceitação do inevitável e prossegue na justa transformação do que pode ser transformado.

Essa compreensão está na própria base de uma grande corrente filosófica da Antiguidade greco-romana que se chama estoicismo. O nome dessa escola de sabedoria — *stoa*, o pórtico — deriva, de maneira perfeitamente banal, do *Stoa Poikile*, o célebre pórtico decorado de afrescos que servia de ponto de referência aos atenienses, e sob o qual Zenão, o pai do estoicismo, transmitia seus ensinamentos. Muitos pensadores praticaram a filosofia estoica, do século IV antes de nossa era até o século VI da nossa era, ou seja, durante quase mil anos. Os filósofos estoicos pertenciam a todas as camadas da sociedade, da do imperador Marco Aurélio a do escravo Epiteto. Este, que viveu no século I, resumiu idealmente em seu *Manual* a diferença entre "o que depende de nós" (a opinião, os desejos, a aversão...), que devemos livremente transformar, e "o que não depende de nós" (corpo, condição de nascimento, reputação...), que devemos aceitar. Epiteto observava, corretamente, que muitas vezes desejaríamos mudar o que não depende de nós, deixando de promover a transformação daquilo que depende de nós. Semelhante atitude só pode levar à infelicidade e ao ressentimento.

O que também é ilustrado pela célebre metáfora da *persona* — a máscara. Para os estoicos, de fato, nós não somos senhores do destino, ele é que nos atribui um "papel" predeterminado, nos disfarçando com uma espécie de máscara como a que era usada pelos atores da época, e que permitia aos espectadores identificar cada personagem em seu respectivo papel: o rei, o escravo, a esposa, o traidor, o herói... A sabedoria, dizem eles, consiste em saber dar vida a essa máscara, graças à *proaïrésis*, a liberdade de escolha, não do próprio papel, mas da maneira de envergá-lo. "Lembra-te de que és um ator que desempenha um papel numa peça que se apresenta tal como deseja o poeta dramático. Um papel breve, se ele quiser que seja breve, ou longo, se ele quiser que seja longo. Se ele quiser que desempenhes o papel de um mendigo, trata de desempenhá-lo com talento; ou de um coxo, de um juiz ou de um homem comum. Pois o que te pertence é isto: desempenhar bem o papel que te foi atribuído. No entanto, a escolha desse papel pertence a um outro",[1] afirma Epiteto. Assim, independentemente da posição social, da aparência física, das qualidades e defeitos que lhe foram dados pela natureza, todo indivíduo pode e deve tornar-se plenamente humano através do trabalho consigo mesmo, um trabalho que ele tem liberdade de efetuar. "Não te detenhas, realiza a obra e desempenha o papel do homem bom",[2] insiste também Sêneca, frisando que cada um tem a liberdade de se tornar senhor de si, qualquer que seja o papel exterior que lhe couber.

Foi igualmente o que entendeu o príncipe Sidarta. E no entanto o futuro Buda evoluía num contexto completamente diferente, o da Índia do século VI antes da nossa era. A tradição budista nos diz que esse príncipe nada sabia da infelicidade até a idade adulta; vivia cercado exclusivamente de indivíduos jovens e com boa saúde, e seu pai chegara a proibir que saísse dos limites do palácio, para não se deparar com nada desagradável. Em quatro oportunidades, no entanto, Sidarta conseguiu deixar o palácio, e em todas elas viu o que não devia ver: um velho, um doente, um morto e um asceta. Ficou tão abalado que começou a fazer perguntas a seu fiel cocheiro, que lhe revelou que, quaisquer que sejam seu poder e sua riqueza, todos os seres envelhecem, não sendo poupados pela doença nem pela morte. Revoltado com esse "destino" do ser humano e decidido a vencê-lo, Sidarta fugiu ao encontro dos ascetas das florestas, submetendo-se às práticas radicais que proporcionavam poderes extraordinários. Contudo logo se deu conta de que nem mesmo esses poderes seriam capazes de se sobrepor ao dado fundamental da vida: como qualquer ser humano, também ele acabaria envelhecendo e morrendo. Sidarta deixou então os ascetas e postou-se debaixo de uma árvore para meditar; nesse momento é que alcançou o despertar e se tornou "o Buda" (literalmente, "o despertado"). O que ele entendeu foi que é preciso aceitar o dado incontornável da vida, em vez de enfrentá-lo e combatê-lo, procurando eliminar a infelicidade através de uma resposta interior. É mediante o autoconhecimento e um trabalho de transformação profunda que podemos alcançar a verdadeira serenidade.

Como o Buda, como os filósofos estoicos, todos nós podemos encontrar o equilíbrio entre a aceitação do inelutável, o que não pode ser mudado, e nossa capacidade de transformar o que pode ser transformado. Tomemos o exemplo da família. Nós não escolhemos nossos pais. Não podemos decidir mudar esta situação, nem mudá-los. Ainda que não nos entendamos bem com eles, não temos alternativa senão aceitá-los. Na infância, é o que fazemos instintivamente, pois precisamos deles para sobreviver. Na idade adulta, devemos fazê-lo de maneira refletida, no contexto de uma relação livremente escolhida, qualquer que seja a forma que venhamos a dar a essa relação, quaisquer que sejam os limites que lhe imponhamos, e mesmo que cheguemos ao rompimento. Estabelecer como fato inevitável que se trata de nossos pais, de nossos irmãos, de nossas irmãs equivale a aceitar uma realidade. Só então poderemos nos distanciar dessa realidade, sair de uma situação de dependência ou contradependência (o que é outra forma de alienação) para chegar a uma verdadeira "interdependência". O que não pode ser alcançado sem um distanciamento voluntário e sereno. Só assim podemos selar a paz com o real sem nos afundar em sentimentos de ódio ou raiva.

Assim como no caso da família, não escolhemos o nosso país nem nosso lugar de nascimento. Às vezes podemos sentir-nos em defasagem em relação a essa herança cultural, mas será que nos conscientizamos do que ela pode conter de positivo, do que é constitutivo de nós mesmos e também nos é vantajoso? Sou francês, e muitas vezes fico exasperado com o lado mal-humorado de meus compatriotas. Mas também devemos reconhecer que é esse espírito crítico que está na origem da revolução e da luta pelos direitos humanos. Não aceitamos as verdades prontas e empacotadas, estamos permanentemente questionando a política, a religião, a economia, as instituições, e tanto melhor que seja assim! Eu assumo essa herança, mas também procuro transformar em mim o negativismo que ela contém. Ter um espírito crítico não significa necessariamente criticar tudo. Ser lúcido não significa inevitavelmente ser arrogante. Assim é que encontramos em cada cultura elementos que podem ser ao mesmo tempo negativos e positivos. Por exemplo, o sentimento de autossatisfação dos americanos pode ser percebido como um defeito insuportável, mas também revelar-se uma grande força, se for temperado por uma visão altruísta.

Esse trabalho de aceitação, também devemos efetuá-lo em relação a nós mesmos. Todos nós temos certa forma de inteligência, de sensibilidade, um temperamento inato e um caráter adquirido através de uma educação, de uma vivência. Tratemos de reconhecê-los e de nos aceitar. Tomemos o exemplo do nosso corpo físico. Nós nascemos com características precisas, a cor dos olhos, dos cabelos, certa tendência a engordar ou a emagrecer, e às vezes certas deficiências. Que fazer com esse corpo? Aceitá-lo tal como é e aprender a amá-lo. Esse trabalho de aprovação é indispensável. Ao efetuá-lo, teremos muitas vezes de nos dar conta de que certas características que não nos pareciam satisfatórias são perfeitamente dignas de apreço. Na adolescência, eu sofria por medir apenas 1,65m, quando a maioria dos meus colegas media 1,80m. Sofri com o olhar dos outros a ponto de desenvolver um complexo, convencendo-me de que minha altura seria um obstáculo pelo resto da vida. Com isso na cabeça, me antecipava à rejeição de jovens mais altas do que eu e não ousava fazer qualquer movimento em sua direção. Na idade adulta, fui gradualmente admitindo que era mais baixo do que a média.

E descobri que na realidade minha altura não era um problema. E mais, que se deixasse de ser um problema para mim, não o seria para mais ninguém. Acabei me aceitando como sou. E assim, minha altura não me impediu de ter êxito na vida profissional e deixou completamente de me dificultar em minha vida amorosa.

O complexo que tive na adolescência também representou, inconscientemente, um motor para o desenvolvimento de outras qualidades: a reflexão, a criatividade. Quem sabe, se eu tivesse sido alto, talvez nunca tivesse estudado filosofia! Todo limite pode nos estimular a desenvolver outras qualidades que talvez ficassem sem cultivo. Woody Allen teria se tornado um cineasta extraordinário se tivesse a aparência de Paul Newman? Naturalmente, se tivesse problemas de peso, eu teria feito os regimes necessários para o meu bem-estar e a minha saúde, emagrecendo. Por isso é que, começando por nos aceitar como somos, é indispensável determinar, numa segunda etapa, se podemos agir diretamente e de maneira eficaz sobre o dado que nos torna infeliz.

Cabe-nos portanto transformar o que depende de nós e não nos deixa felizes ou é fonte de tensão com os outros. Se eu tenho, por exemplo, um temperamento colérico que me leva a cometer atos negativos, um caráter que me faz sofrer e inflige sofrimento ao próximo, identificar e aceitar esse caráter constitui uma primeira etapa, que abre caminho para um trabalho comigo mesmo. Esse trabalho pode ser feito através da meditação ou da psicoterapia, recursos que ajudam a alcançar um equilíbrio indispensável à paz interior e a uma boa relação com os outros (voltarei mais adiante a falar dessas técnicas). É bem verdade que conservarei pelo resto da vida meu temperamento colérico, mas, como o identifiquei e o aceitei, saberei dominá-lo e talvez até utilizá-lo com critério, ou pelo menos libertar-me do que ele tem de destrutivo.

Sempre tive um temperamento sonhador. Na escola, ficava de tal maneira no mundo da lua que não ouvia grande coisa; não conseguia me concentrar e tirava notas baixas em quase todas as matérias. Tive de mudar duas vezes de colégio para evitar a repetição de ano. Ficava com raiva de mim mesmo, até que decidi enfrentar esse traço do meu caráter, entender que ele estará comigo pelo resto da vida, e afinal aceitá-lo, permitindo que evolua e tirando dele o melhor partido. Através da atenção disciplinada, aprendi a estar mais presente na realidade. Aprendi também a tirar proveito do que inicialmente parecia um defeito, canalizei minha imaginação para a criação artística, escrevendo poemas e atualmente peças de teatro, romances, roteiros de histórias em quadrinhos e de cinema. Hoje, me aceito como sou, continuando às vezes a lutar para não ser tomado pelos devaneios no cotidiano, mas me reconciliei comigo mesmo. O que era um problema transformou-se em fonte de inspiração.

Tenho essa experiência no cotidiano há quase trinta anos, desde que dei início a um trabalho filosófico, psicológico e espiritual: o simples fato de aceitar a vida e o ser proporciona um sentimento de gratidão que por sua vez é fonte de felicidade, permitindo aproveitar plenamente o que é positivo e transformar o negativo na medida do possível. Dizer "sim" é uma atitude interior que nos abre para o movimento da vida, para seus imprevistos, seus lances inesperados e suas surpresas. É uma espécie de respiração, que nos permite acompanhar internamente a fluidez da existência. Aceitar as oscilações de alegria e dor, felicidade e infelicidade, aceitar a vida tal como ela é, com seus contrastes e dificuldades, sua imprevisibilidade. Muitos sofrimentos decorrem da negação da realidade ou da resistência à mudança.

Quero acrescentar outro ponto importante. Diante do horror, diante do sofrimento extremo de uma criança, diante da deportação e do massacre de milhões de inocentes, para mim é impossível compreender e aceitar. Fico escandalizado com o mal e me recuso a buscar sentido nele. Entretanto, essa consciência do caráter trágico e inaceitável de certos acontecimentos não me afastou do amor à vida. Continuo achando que ela vale a pena, apesar de tudo. Naturalmente, não é impossível que eu seja levado a mudar de opinião se tiver de viver na própria carne o horror absoluto. Mas até aqui posso afirmar que amo a vida, embora ela nem sempre me tenha sido leve. *Amor fati*, eu amo meu destino, diz o lema estoico, apesar de seus altos e baixos, pois sempre encontrei a força e os meios necessários para superar os obstáculos e as provações. Ainda que certos acontecimentos sejam incompreensíveis e revoltantes, eu aceito o ser e digo, apesar de tudo, "sim" à vida como ela é, com tudo que tem de mistério, de sombra e de luz.

O filósofo francês Montaigne dá um exemplo notável do que estou tentando dizer. Ele escreve em seus *Ensaios*: "Dentre nossas doenças, a mais selvagem é desprezar o nosso ser", acrescentando que amar a si mesmo é "o auge da sabedoria humana e de nossa felicidade".[3] Montaigne se dizia feliz; mas o fato é que a vida nem sempre foi generosa com ele. Nascido no contexto das guerras religiosas, com uma saúde muito frágil, ele não foi poupado pelo luto. Pai de seis filhos, perdeu cinco deles. E nunca se recuperou totalmente da morte do amigo Étienne de La Boétie, que amava com paixão. Lamentava, é verdade, que na vida haja "sempre alguma peça enviesada", e acrescentava, lindamente: "A vida é algo delicado, que facilmente perde o equilíbrio."[4] Todavia, obstinado na busca da felicidade, mesmo com algumas desgraças, esse homem podia declarar-se "muito contente e satisfeito".[5] Tinha um lema, que tratava de pôr em prática: "É preciso expandir a alegria, mas reduzir ao máximo a tristeza."[6] E acrescentava, com toda a honestidade e apesar de tudo: "Por mim, portanto, amo a vida."[7] A vida, tal como se nos apresenta, a vida tal como é.

1. Epiteto, *Manual*, 17.
2. Sêneca, *De beneficiis*, 1, 2, 4.
3. Montaigne, *Ensaios*, III, 10, 1006-1007 e III, 13, 1110.
4. *Ibid.*, III, 9, 950.
5. *Ibid.*, III, 9, 998.
6. *Ibid.*, III, 9, 979.
7. *Ibid.*, III, 13, 1113.

2

Confiar e entregar

A fé é uma das dimensões mais importantes da vida interior. Não me refiro à fé tal como entendida no contexto das religiões monoteístas, ou seja, a crença em Deus sem prova de sua existência, mas a essa fé que poderíamos qualificar como confiança, sem a qual não podemos avançar, progredir na vida. As espiritualidades orientais, por sinal, recorrem tanto à palavra fé quanto à palavra confiança para se referir a esse estado de ser. O budismo, por exemplo, parte de uma constatação empírica: sem uma prévia fé-confiança no *dharma*, o ensinamento do Buda, qualquer progresso espiritual é impossível. E sem uma fé-confiança prévia no mestre não é possível integrar seus ensinamentos. O motivo disso é simples: se não tivéssemos fé de que aquilo que vamos estudar será de proveito para nós, não estudaríamos com seriedade. As crianças conhecem essa verdade e a aplicam espontaneamente: têm fé nos pais, acreditam neles e aprendem o que eles lhes transmitem. O que se aplica tanto à transmissão da cultura e dos valores quanto a todos os demais aprendizados. Foi por sinal assim que, como a maioria de nós, eu aprendi a andar de bicicleta: meu pai, postado atrás de mim, me mantinha equilibrado. Eu não o via e sentia medo, dizia-lhe que não me largasse, e ele me pediu que confiasse nele. Alguns metros adiante, dei-me conta de que estava pedalando sozinho. Conseguira ir em frente graças à fé-confiança que tinha nele.

Existem, naturalmente, casos de perversão da confiança. Todos nós tivemos maus professores, maus pais, indivíduos desonestos que abusam da fé natural e espontânea que neles depositamos. Alguns aproveitam para cometer um ato destruidor, como o de abusar sexualmente de uma criança, outros lhe inculcam ensinamentos negativos, carregados de ódio. Na idade adulta, também lidamos com pessoas que abusam de nossa confiança; mas nem por isso devemos sufocá-la. É indispensável desenvolver nosso espírito de discernimento — voltarei a este tema —, mas precisamos preservar em nós essa fé-confiança que é indispensável para avançar, progredir, crescer.

Isso é válido em todos os terrenos, inclusive na ciência. Antes de se lançar numa investigação, o cientista *acredita* que vai encontrar alguma coisa. Essa fé foi de início explicitamente religiosa no Ocidente cristão: os primeiros cientistas da era moderna, como Galileu ou Newton, eram crentes convencidos de que o mundo era inteligível. Sua busca científica visava descobrir as leis físicas do mundo estabelecidas pelo Criador. Se tivessem achado que o mundo era ininteligível ou absurdo, eles não teriam investigado nada. O declínio da religião nem por isso suprimiu essa fé dos cientistas na inteligibilidade do mundo. "A ciência só pode ser criada por aqueles que aspiram profundamente à verdade e à compreensão. Esse sentimento provém da esfera da religião (...) Não posso conceber um cientista autêntico sem uma fé profunda",[1] afirmava Albert Einstein, que se considerava "um não crente profundamente religioso",[2] pois não acreditava no Deus pessoal dos monoteístas, mas abraçava uma espécie de religiosidade cósmica. E, por sinal, a fé é tão necessária à motivação da pesquisa científica quanto à recepção desta por parte do grande público. Muito poucos indivíduos são capazes de entender as demonstrações da ciência, mas nós temos confiança na comunidade científica e aceitamos como absolutamente verdadeiras teorias e conclusões que escapam totalmente a nossa experiência comum. Nós nunca vimos um átomo, mas acreditamos que a matéria é feita de átomos porque é o que nos diz a ciência. Dizia o sociólogo Émile Durkheim: "Se um povo não tem fé na ciência, nenhuma demonstração científica terá qualquer influência nas mentalidades."[3]

A fé, portanto, é indispensável antes de tudo para progredir através da confiança que depositamos em outros indivíduos mais bem informados que nós (pais, educadores, cientistas, pensadores), mas também porque ela nos ajuda a viver e a nos desenvolver, dando crédito ao mundo e à vida. Sentimo-nos motivados a progredir, aprender, avançar, investigar, nos engajar, criar, pois acreditamos que existe alguma verdade e alguma bondade no mundo e na vida. Caso contrário, para que sair da cama de manhã?

Essa fé varia segundo os indivíduos. Em alguns, o desespero, o medo, o ressentimento e a cólera levam a melhor. A existência torna-se, assim, dolorosa. A vida cotidiana pode se transformar num inferno quando é destituída de confiança. O mundo parece hostil, perigoso. O medo toma o lugar da confiança. Não temos mais coragem de tomar um avião, por medo de que ele caia; não temos coragem de entrar numa relação amorosa, por medo de ser traído ou abandonado; não temos coragem de nos candidatar a um emprego, por medo de que nossa candidatura seja rejeitada. E, em vez de progredir, ficamos paralisados em nossa vida profissional, afetiva e social. Nossa existência torna-se impossível se não tivermos o mínimo de confiança. Em nós mesmos, nos outros e na vida.

Essa fé na bondade do mundo e no caráter positivo da vida está na própria base da filosofia estoica já mencionada. A palavra "estoico" significa, em nossas mentes, "suportar a dor e a adversidade com coragem", mas os fundamentos do estoicismo são muito mais amplos. Zenão havia observado o mundo que nos cerca, o cosmos, chegando à conclusão de que ele é organizado por uma Razão universal de acordo com uma finalidade que nos escapa. Ele via nessa organização um plano divino, e portanto uma prova de que os deuses, ou a Providência, nada deixam ao acaso. Convidava seus alunos a aderir a esse plano e a confiar nele; de qualquer maneira, acrescentava, de nada adianta revoltar-se nem se lamentar. Por um lado, não é possível criar obstáculos para a vontade divina ou a Razão universal, e por outro os deuses nos submetem a provações, é verdade, mas também nos proporcionam meios de superá-las. É o que resume, mais uma vez, Epiteto: "Ergue os olhos para as faculdades que possuis e, tendo-as contemplado, diz: 'Dá-me agora, Zeus, as circunstâncias que quiseres. Tenho o equipamento que me forneceste e os recursos para me orientar através do que acontecer.' Não, mas ficas sentado, tremendo para que certas coisas não aconteçam, e quando outras acontecem, queixando-te, chorando e te lamentando; depois, investes contra os deuses."[4]

Na linha de pensamento dos estoicos, e sem necessariamente acreditar em Deus, um indivíduo que tenha fé na vida e esteja convencido de que tudo que acontece é benéfico — ainda que as aparências sejam bem outras — desenvolverá uma confiança e uma positividade que servirão para sustentar e nutrir essa crença e essa confiança. Quanto mais enxergamos os "presentes" da vida, mais eles vêm a nós. Quanto mais percebemos o lado positivo da existência, mais a vida nos parece bela e luminosa.

Essa fé-confiança na vida se manifesta através de uma atitude que vamos encontrar com diferentes nomes nas sabedorias e nas grandes correntes espirituais da humanidade: entrega, quietude, abandono. Jesus fala aos discípulos, preocupados com as incertezas da vida, para recomendar, em termos afinal nitidamente estoicos, que se entreguem à Providência: "Olhai os corvos, eles não semeiam nem colhem, mas Deus os alimenta. E quanto mais não valeis vós do que as aves!"[5] Essa questão da entrega à vontade de Deus e a sua Providência é um dos temas recorrentes da espiritualidade cristã, mas também da judaica e da muçulmana. O verdadeiro crente é aquele que aceita a vida como a própria vontade de Deus. A entrega à vontade divina o conduz a um estado de paz interior que os estoicos chamavam de *apatheia*, a tranquilidade da alma, ausência de toda agitação interior. Essa entrega radical é desenvolvida no século XIV pelo teólogo e místico dominicano Mestre Eckhart, ao inventar o conceito de *Gellassenheit* (do alemão *lassen*; literalmente, deixar ser). Mestre Eckhart prega um "nada querer, nada saber, nada ter" como condição para a serenidade, que, para ele, significa união com Deus. Numa perspectiva já agora radicalmente ateia, vamos encontrar conselhos semelhantes no filósofo alemão Arthur Schopenhauer: é necessário que "o homem chegue ao estado de abnegação voluntária, de resignação, de verdadeira calma e total suspensão da vontade".[6] Schopenhauer inspirou-se em parte na filosofia hindu dos *Upanishads*, que prega a aceitação do real e a suspensão da vontade como condição da libertação interior.

Sem chegar a essa mística do abandono de toda vontade, reconheçamos que nos é impossível exercer um controle total de nossa vida: as falhas através das quais se manifesta o inesperado são imprevisíveis. Pretendendo a qualquer preço controlar esse elemento de imponderabilidade, nós nos condenamos a viver em permanente angústia. Tampouco podemos controlar o outro: devemos aceitar que ele sempre nos escapa, inclusive quando se trata de um cônjuge ou de um filho. Como escreve Khalil Gibran com tanta pertinência em *O Profeta*: "Vossos filhos não são vossos filhos, são filhos da vida." E nós não podemos tampouco controlar totalmente nossa vida profissional, exposta a tantos imprevistos externos, nem nos obstinar em viver na ilusão da estabilidade e da segurança.

Tratemos, então, de fazer o melhor possível para controlar o que pode ser controlado, a começar por nossos desejos e nossas paixões, mas tratemos também de nos preparar psicologicamente para aceitar o imprevisto, para nos adaptar a ele e tirar dele o melhor. A sabedoria indiana usa uma expressão que poderíamos traduzir como "soltar" para qualificar essa atitude interna de entrega ao real. Mas nós só podemos soltar realmente quando temos confiança na vida. Na primeira vez que somos levados a fazê-lo é sempre uma provação: temos medo do desconhecido, ficamos angustiados. Em seguida, porém, a experiência positiva de soltar e entregar — tranquilidade, alegria, consciência de que nada de grave nos aconteceu

— aumenta a confiança e nos ajuda a ir ainda mais longe na entrega.

1. Albert Einstein, em conferência no simpósio *Ciência, filosofia e religião* promovido em Nova York em 1941.
2. Carta a Hans Muehsam, 30 de março de 1954.
3. Émile Durkheim, *Les Formes élémentaires de la vie religieuse*, PUF, 1965, p. 291.
4. Epiteto, *Conversas*, 1, 6, 7-12.
5. Lucas, 12, 24.
6. Arthur Schopenhauer, *Le Monde comme volonté et comme représentation*, PUF, 1966, p. 477.

3

Ser responsável pela própria vida

Entregar e aceitar o que se é não significa que devemos suportar a vida e nos confinar numa atitude de total passividade. Aceitar o que é dado pela vida e acolher os imprevistos da existência são atitudes que, pelo contrário, nos permitem envolver-nos totalmente. Esse envolvimento é uma mistura sutil de entrega e engajamento, de passividade e ação, de receptividade e tomada de iniciativas. A vida requer engajamento. Se a enfrentarmos nas pontas dos pés, com medo de nos envolver completamente, plenamente, estaremos cortejando o fracasso e nossos motivos de felicidade serão mornos. Isso se aplica em todos os níveis: um desportista ou um artista que pretenda desabrochar em sua disciplina não tem outra escolha senão se envolver por inteiro. Aquele que se engaja hesitando numa relação amorosa pode estar certo de que essa relação não frutificará. O mesmo acontece no plano profissional e no dos estudos: quando fazemos nosso trabalho pela metade, sem realmente nos envolver, não podemos extrair nenhuma satisfação. Uma vida bem-sucedida é sempre resultado de um engajamento, de um verdadeiro envolvimento em todos os campos.

Nós somos responsáveis por nossa vida. Cabe a nós desenvolver as capacidades que recebemos, corrigir defeitos, reagir de maneira adequada aos acontecimentos, ligarmo-nos aos outros ou viver voltados para nós mesmos. Estamos no comando de nossa felicidade e de nossa infelicidade. Essa atitude está nos antípodas da posição de vítima, infelizmente muito disseminada. Certas pessoas, com efeito, não se sentem responsáveis por nada: tudo que lhes acontece é culpa dos outros, da falta de sorte, do governo. É sempre de fora que vem o mal e é sempre de fora que elas esperam a solução. Elas se lamentam de seu destino, em vez de cuidar de si mesmas, recusam-se a ver sua responsabilidade no que lhes acontece e sistematicamente esperam uma ajuda externa. Essa falta de responsabilidade decorre em grande parte de uma falta de interiorização e de autoconsciência.

No Ocidente, a religião funcionou durante séculos como álibi, nutrindo essa falta de responsabilidade. Muitos indivíduos recorriam ao clero para explicar a causa de seus sofrimentos e receber cuidados. O diabo era a causa de todos os males, os sacramentos recuperavam as almas e a Igreja atendia às principais necessidades sociais: educação das crianças, tratamento dos doentes, acompanhamento dos indivíduos nos grandes momentos da vida: nascimento, casamento, morte. Ao longo dos dois últimos séculos, a Igreja perdeu progressivamente essa ascendência sobre as consciências e a sociedade, e o Estado em certa medida assumiu esse papel: as escolas e os hospitais foram laicizados, assim como os grandes rituais da vida. Foi assim que, para muitos indivíduos, o Estado previdenciário substituiu a Igreja-Providência. Eles agora esperam tudo desse Estado, colocando-se em posição de vítimas toda vez que acontece algo ruim: determinado setor da produção agrícola ou industrial está em crise? Cabe ao Estado encontrar soluções, muito embora as políticas públicas às vezes em nada contribuam para uma crise econômica setorial. Acontece uma catástrofe natural? O Estado sempre é convocado a socorrer, embora se tenha decidido construir a própria casa numa zona perigosa ou passível de inundações. Alguém que foi feito refém não hesita em exigir do Estado uma indenização de vários milhões de euros em vista do prejuízo sofrido, embora tivesse sido advertido para os riscos que estava correndo e não se importasse com isso. Diariamente podemos ver em ação esse espírito de vitimização e falta de responsabilidade que impregna nossa mentalidade.

O filósofo Jean-Paul Sartre, com muita propriedade, associou os conceitos de liberdade e responsabilidade. "Nós nos pretendemos livres e por sinal somos liberdade", explicou ele, em 1946, em seu livro *O existencialismo é um humanismo*. "Afirmamos que é a liberdade que dá sentido a nossa vida, mas devemos então assumir o corolário dessa liberdade, que nos abre para todas as possibilidades: a consciência do fato de que a responsabilidade total por nossa existência repousa em nossos ombros, com o elemento de angústia que isso implica."[1] Um século antes, em seu romance *Os irmãos Karamazov*, o escritor russo Fyodor Dostoievski ilustrara de maneira comovente essa angústia que leva tantos indivíduos a alienar sua liberdade a uma instituição todo-poderosa que cuide de suas necessidades mais essenciais: comer, ter onde morar, ser cuidado, viver num caminho moral balizado. Ele fazia uma crítica radical da instituição eclesiástica, que soube tirar proveito dessa angústia do ser humano para dominar os indivíduos, dando-lhes segurança em lugar de liberdade crítica, e sua análise prefigurava a ascensão dos Estados totalitários do século XX. Quando têm medo, os indivíduos entregam sua liberdade a um poder forte. Eximem-se totalmente de responsabilidade. Em sentido inverso, os que estão dispostos a assumir as consequências da liberdade têm consciência de que são verdadeiramente responsáveis por sua própria vida. Eles não exigem uma espécie de "seguro contra todos os riscos" diante dos imprevistos da vida. Assumem as consequências de seus atos e sabem que a melhor resposta a um obstáculo externo incontornável é uma resposta interna: um soltar e entregar que torna o obstáculo menos pesado porque livremente aceito, mas também eventualmente suscetível de ser superado por uma iniciativa pessoal adequada. Sabem que a solução está neles mesmos e não do lado de fora. Que são responsáveis por sua felicidade presente e futura.

Eu acrescentaria que, quando vivenciamos a profunda experiência interna dessa responsabilidade, damo-nos conta de que estamos envolvidos com os outros de duas maneiras diferentes. Em primeiro lugar, tomamos consciência das consequências que nossos atos podem ter sobre o próximo. Todos já vivemos a triste experiência de uma palavra ofensiva dita de maneira leviana e que feriu pessoas que amamos. Ser responsável pela própria vida é avaliar a importância de nossos pensamentos, de nossas palavras e nossos atos; é permanecer desperto, alerta, é não viver na inconsciência. Quando cometemos um erro, quando agimos mal, quando nos enganamos, devemos reconhecer e tentar reparar esse erro na medida do possível.

Nós estamos envolvidos com os outros de uma maneira ainda mais ampla, pois a consciência da responsabilidade individual leva à consciência da responsabilidade coletiva. Também aqui Sartre havia frisado: "Quando dizemos que o homem é responsável por si mesmo, não estamos dizendo que o homem é responsável por sua estrita individualidade, mas que é responsável por todos os homens."[2] Essa obrigação de contar com os outros, diz ele, humaniza a liberdade do ser humano e transforma sua vida num engajamento por toda a humanidade. Numa passagem comovente de *Terra dos homens*, na qual presta homenagem a seu amigo, o piloto Guillaumet, morto num acidente de avião, Antoine de Saint-Exupéry retoma essa ideia com suas próprias palavras: "Ser homem é precisamente ser responsável. É sentir vergonha diante de uma miséria que aparentemente não dependia de nós. É se orgulhar de uma vitória dos companheiros. É sentir, depositando nossa pedra, que contribuímos para construir o mundo."[3]

Podemos encontrar esse conceito de fraternidade humana em muitas correntes espirituais da humanidade: ele está no cerne do budismo e do cristianismo e já era identificado pelos sábios da Antiguidade. Assim, no século IV antes de nossa era, o filósofo chinês Mêncio falava da virtude da humanidade, *Ren*: "Todo homem tem um coração que reage ao intolerável. (...) Suponhamos que um grupo de pessoas veja de repente uma criança a ponto de cair num poço; todas elas terão uma reação de pavor e empatia que não será motivada pelo desejo de estar em bons termos com os pais, nem pela preocupação de uma boa reputação junto a vizinhos e amigos, nem pela aversão aos gritos da criança. Constata-se assim que, sem um coração capaz de compaixão pelo outro, não somos humanos."[4]

Uma frase do abade Pierre me marcou profundamente: "Não podemos ser felizes sem os outros." De fato, não podemos ser felizes sem uma relação amorosa com outros seres humanos. De maneira mais profunda, contudo, o fundador da comunidade Emaús queria dizer que não podemos ser plenamente felizes sabendo que tantos seres sofrem e sem nada fazer para ajudá-los. Naturalmente, nenhum ser humano pode carregar nos ombros todo o sofrimento do mundo, mas o fato de estarmos atentos aos que sofrem e que o destino põe em nosso caminho, de realizar o que nos é possível para participar da diminuição do sofrimento e do advento de um mundo melhor, abre nosso coração e contribui para ampliá-lo incessantemente. Trata-se, afinal, de uma das condições fundamentais da verdadeira felicidade. Voltarei ao tema quando falar do amor e da compaixão.

De minha parte, considero que, quando nos sentimos responsáveis por nossa existência, sentimo-nos responsáveis também pela vida, esse bem tão precioso. Engajamo-nos então em causas que ultrapassam nossa pequena esfera pessoal: apoiamos outros que sofrem, mesmo do outro lado do planeta; sentimo-nos envolvidos por qualquer ditadura, como se tivéssemos de suportá-la pessoalmente; mobilizamo-nos para apoiar uma mulher que vai ser apedrejada no Irã ou pela libertação de um preso político na China, e também nos sentimos afetados pelo destino do planeta e de todos os seres vivos. Lutamos pela proteção do planeta, para que a Terra continue sendo bela e viável, para que tenha fim o massacre das espécies ameaçadas de extinção e a tortura dos animais. Como é possível amar a vida e ao mesmo tempo destruí-la? Recusar o sofrimento quando se trata de nós mesmos e suportar o dos animais? Amar o planeta e ficar indiferente à devastação de que é vítima? Tudo isso me pareceu evidente a partir do momento em que forjei uma consciência filosófica da existência. Por isso é que me engajei há muito tempo não só em associações humanitárias, mas também ecológicas. Participei assim, há mais de vinte anos, da fundação da associação Environnement Sans Frontières, ao lado de Éric de Romain e Valérie Adt, e publiquei o livro *Mal de Terre* com Hubert Reeves, denunciando as principais ameaças para o futuro da vida no planeta. Qualquer ação em favor da vida, por menor que seja, é uma maneira de nos ligar ao mundo e manifestar nossa recusa da violência e da destruição. Quanto mais numerosos formos os que agimos assim, mais o mundo terá chances de mudar.

1. Jean-Paul Sartre, *L'existentialisme est un humanisme*. Gallimard, Folio essais, 1996, p. 31.
2. *Ibid.*
3. Antoine de Saint-Exupéry, *Terre des hommes*, Le Livre de Poche, 1939, p. 59.
4. *Livre de Mêncio*, Bill, II, A, 6.

4

Agir e não agir

"Nós nascemos para agir", exclama Montaigne no início de seus *Ensaios*.[1] Engajar-se na vida significa, por definição, agir. O ser humano precisa agir sobre a realidade para moldá-la, transformá-la, e se sente recompensado com isso. Essa necessidade é uma de suas características próprias, um traço que o diferencia dos animais, os quais, ao construir sua cova, ninho ou colmeia, não atendem a um princípio de prazer, obedecendo a um instinto de sobrevivência. Já o homem, para além da sobrevivência, precisa envolver-se num trabalho, numa ação, numa criação: a inatividade lhe é pesada, no sentido literal da palavra. Ela o esmaga, o entedia, o impede de se sentir totalmente ele mesmo. Um homem que se limite a esperar na ociosidade que o tempo passe vive com um gosto de falta de realização e completude; não pode desenvolver sua humanidade e toda a sua riqueza. Essa particularidade revela-se já na primeira infância, quando, assim que começa a se deslocar, ainda que engatinhando, a criança pode passar horas inteiras brincando com objetos ou elementos de montar e desmontar. Um pouco depois, ela se envolve com construções de todos os tipos, como no caso dos castelos de areia, brincadeira que a diverte muito mais que a maioria dos brinquedos comprados nas lojas, rapidamente consumidos e depois esquecidos. Trabalhar, interferir na realidade é indispensável ao nosso bem-estar e, mais ainda, ao crescimento do nosso ser. Não entendo como trabalho apenas o que nos permite ganhar dinheiro para viver, mas toda tarefa, toda produção na qual investimos: cozinha, jardinagem, trabalhos ocasionais, costura; uma atividade manual ou intelectual, uma obra associativa. Em suma, tudo que nos permita atender a essa necessidade essencial para nosso equilíbrio: agir sobre o mundo, marcando-o com nossa própria interioridade, sentir-nos agentes de evolução do real que nos cerca. Ao modelar essa realidade, nós a tornamos menos estranha ao nosso ser, a nossos gostos e valores; nós a aprisionamos. Um executivo contribui com sua capacidade e experiência para os negócios em que se envolve; um empregado se organiza e inova para efetuar seu trabalho nas melhores condições possíveis; alguém que pinte seu quarto sabe, ao chegar ao fim do dia, que ele foi produtivo, que agiu, que avançou, fazendo evoluir sua realidade. Seu tempo não transcorreu em vão, ele não foi "perdido". "O trabalho é a única coisa deliciosa e que basta", escreve o filósofo Alain. "Refiro-me ao trabalho livre, ao mesmo tempo efeito e fonte de poder. Mais uma vez, não suportar, mas agir (...). Esse prazer está em toda profissão, pois o operário inventa e aprende sempre."[2]

 A maioria das correntes espiritualistas e de sabedoria não se mostrou ignorante a essa verdade que é o desabrochar do espírito através do trabalho. No século VI, Bento de Núrsia, o principal legislador da vida monástica no Ocidente, redigiu sua célebre regra de vida dos monges, seguida ainda hoje por numerosas ordens, como as dos beneditinos, dos cistercienses e dos trapistas, que vivem na reclusão e na oração. Elevando o trabalho à condição de valor cardeal, o pai do monasticismo cristão ocidental denunciou a ociosidade como "inimiga da alma",[3] acrescentando: "Só então eles serão realmente monges, quando viverem do trabalho das próprias mãos, a exemplo dos nossos Padres e dos Apóstolos."[4] Mais perto de nós, no século XVII, Baruch Spinoza refere-se a essa necessidade de trabalho como "o poder de agir", que segundo ele "aumenta a força de existir". Para o filósofo holandês, o ser humano se realiza na ação, ou seja, na capacidade de gerar efeitos de que sejamos a causa; Spinoza considera, assim, que a ação é "como a própria natureza do homem",[5] sua única essência. Em sentido inverso, a passividade é sinal de impotência e portanto de insatisfação. E ele afirma que a alegria, um conceito central do seu pensamento, aumenta naturalmente quando a força de agir e seu corolário, a força de pensar, se desenvolvem num indivíduo.

A necessidade de trabalhar, ou seja, de exercer uma ação sobre o mundo, assume muitas formas, cuja culminância, em minha opinião, é a criatividade no sentido artístico da palavra. O criador ou artista não se limita a produzir um objeto útil, investindo nele sua subjetividade, seu sentimento pessoal: ele vai encarnar em sua obra a sua *idea*, ou seja, o projeto, a visão que traz em si e com a qual outros vão se identificar, pois a criação artística, ato gratuito, sem "utilidade" real, é uma atividade simbólica que fala ao mais profundo do ser. E, por sinal, para qualificá-la usamos a linguagem do coração e da alma: diante de uma obra de arte, nós nos dizemos "comovidos", "tocados", "abalados". Não é o uso que podemos fazer dela que nos interessa, mas sua dimensão estética e simbólica gratuita. Todos nós somos criadores. Todos temos, no mais profundo de nós mesmos, uma dimensão artística que permitimos expressar-se — ou, pelo contrário, que inibimos, muitas vezes por medo do julgamento dos outros, desse olhar que tememos seja projetado não só sobre nossa obra, mas também sobre nosso ser profundo, sobre o espírito e a essência que nos são próprios e que se exprime através da obra.

Só aos 30 anos de idade eu ousei sentar-me ao piano, e esperei completar 40 para escrever meu primeiro romance, embora fossem duas atividades artísticas que eu sonhava exercer desde a infância. Mais ou menos conscientemente, contudo, eu tinha medo do julgamento dos outros: tantas pessoas escrevem com talento e tocam bem piano! Foi preciso que eu fizesse um longo trabalho de distanciamento do ego para me lançar e deixar de temer a opinião dos outros. Quanto tempo perdido por causa de uma falta de confiança em mim e de um ego mal situado! Permitamos que desabroche o potencial criativo que está em nós e que pode se manifestar de maneiras muito diversas. É o potencial do artesão que produz, é verdade, mesas ou cadeiras em série, mas que, no fundo de sua oficina, também cria o móvel que ama — que nos mostrará com um orgulho e uma emoção muito especiais. É o jardineiro que, um pouco além dos canteiros de couves ou cenouras, vai dedicar uma parte de seu jardim à beleza das flores. Cada um de nós, à sua maneira, pode empenhar-se em criar o belo ao lado do útil, com isso experimentando a embriaguez do processo criativo.

Entretanto, e quaisquer que sejam os benefícios do trabalho e da criação, devemos aprender a evitar uma armadilha: a hiperatividade, que é o excesso de ação e vem a ser tão nefasta quanto a ausência de ação. Em nosso mundo, onde tudo anda tão depressa, somos permanentemente estimulados, queremos atender a todas as solicitações, mostrar um bom desempenho a todo momento: no trabalho, em casa, na vida social. Não largamos mais o telefone celular, vivemos de nariz enfiado no computador — e as crianças, entregues aos jogos eletrônicos! Ora, assim como o equilíbrio entre vigília e sono nos é vital, nosso ser interior também precisa de repouso, de relaxamento. Repousar não significa apenas dormir. Repousar também é flanar, contemplar as árvores ou as vitrines, entregar-se a uma ocupação inútil, fútil, simples, leve, não programada, sem finalidade nem objetivo preciso, na gratuidade de um momento em que relaxamos completamente, de corpo e alma. "Essa espécie de devaneio pode ser apreciada sempre que pudermos estar tranquilos, e eu sempre achei que na Bastilha, e mesmo numa masmorra em que nenhum objeto ferisse minha visão, ainda assim eu poderia sonhar agradavelmente", escreveu Jean-Jacques Rousseau numa das mais belas passagens de seus *Devaneios*. E ele explicava em que consiste esse estado, quando "leves e suaves ideias, sem agitar o fundo d'alma, limitam-se por assim dizer a lhe aflorar a superfície. É o suficiente para lembrar-se de si mesmo, esquecendo todos os seus males".[6]

Meu amigo Jean-Claude Carrière, homem de talento e múltiplas atividades, confidenciou-me certo dia seu "método": espero que não fique aborrecido comigo por revelá-lo aqui. Todo ano, ao receber sua nova agenda, ele a abre ao acaso e risca uma dezena de dias espalhados ao longo do ano. Dias nos quais ele se compromete a não assumir nenhum compromisso. São, disse-me ele, faixas de tempo que lhe pertencem, 24 horas durante as quais pode dormir, ler, flanar, estar consigo mesmo, deixar suas obrigações de lado. Outras pessoas podem preferir reunir esses dias-presentes em longos fins de semana ou em algumas semanas de verdadeiras férias por ano. Mas pouco importa o ritmo ou a modalidade: o essencial é saber conceder-se períodos de pausa, numa época, a nossa, em que a atividade e o trabalho são onipresentes. Nós tememos os momentos de descanso completo porque os consideramos como um tempo perdido. Aprendamos, pelo contrário, a encará-los como tempo ganho.

Entendi isso aos poucos, passando a pôr em prática. Minha vida profissional é muito intensa e dispersa entre atividades nos meios de comunicação e de pesquisa e escrita, e eu preciso constantemente enfrentar várias situações de urgência. Muitas vezes me perguntam como consigo levar tudo a cabo. Minha resposta é sempre a mesma: porque também separo um tempo... para não fazer nada! Tenho uma necessidade vital de contato com a natureza e há vinte anos passo a maior parte do tempo no campo, longe de Paris. Diariamente passeio na natureza sem objetivo preciso, observo meu gato brincando com minha cadela, leio *L'Équipe* e jogo tênis ou futebol. Nesses intervalos de descompressão, meu espírito se realimenta, se regenera de tal maneira que, quando sento de novo à mesa de trabalho, minha eficácia torna-se dez vezes maior. Que felicidade escrever em três horas, cheio de entusiasmo, o que certamente levaria três dias para produzir se estivesse num estado de cansaço psíquico!

Embora seja importante engajar-se completamente na vida e ser ativo, esse engajamento e essa ação só podem se realizar de maneira fecunda e proveitosa em decorrência de um certo distanciamento. Trata-se de um dos equilíbrios fundamentais da vida.

1. Montaigne, *Ensaios*, I, 20.
2. Alain, *Propos sur le bonheur* I, Gallimard, "Bibliothèque de la Pléiade", 1956, p. 636.
3. Regra de São Bento, 48, 1.
4. *Ibid.*, 48, 8.
5. Baruch Spinoza, *Ética* IV, prefácio.
6. Jean-Jacques Rousseau, *Os devaneios do caminhante solitário*, quinto Passeio.

5

Silêncio e meditação

Para tomar certa distância em relação aos acontecimentos, precisamos de solidão e silêncio. Mas muitas vezes temos medo. Em nosso mundo moderno, no qual vivemos cercados de um excesso de palavras e de música, de ruído e clamor, a ausência de sons nos parece angustiante. Meia hora sem estímulos externos nos deixa inquietos: em vez de nos regozijar, saímos correndo atrás do telefone para entrar em contato com o mundo. Temos medo de ficar sozinhos com nós mesmos, medo do silêncio interno para o qual o silêncio externo abre caminho. O verdadeiro silêncio é o que encontramos no fundo de nós mesmos. Ele não consiste apenas em desligar o rádio ou a televisão, mas sobretudo em não estarmos mais prisioneiros de nossos pensamentos e de nosso ruído interno, muitas vezes ainda mais parasítico que os sons provenientes do exterior. Viver no silêncio não funciona muito se nosso espírito está agitado. Da mesma forma que nosso corpo exige repouso, nossa mente também tem necessidade de se acalmar, de se aplacar, de fugir por um certo tempo das tensões. Esse repouso permite-lhe alcançar a contemplação, uma atividade que é, segundo o filósofo grego Aristóteles, "a perfeita felicidade do homem". "Quanto maior nossa capacidade de contemplar", afirma ele, "mais somos felizes, e não felizes por acidente, mas em virtude da própria contemplação, pois ela é em si mesma de grande valor. Resulta daí que a felicidade só pode ser uma forma de contemplação".[1]

Todas as correntes de sabedoria destacaram a importância da solidão e do silêncio interior para termos acesso às experiências de contemplação, ao divino, ao Absoluto, à autorrealização. Nas primeiras tradições, o distanciamento provisório ocorre no contexto do processo iniciático, quando a criança deve tomar consciência do fato de que se torna um adulto, com todas as responsabilidades que passam a lhe caber: não é no meio do grupo que ela poderá refletir e se fortalecer interiormente. Isso também ocorre antes de qualquer decisão importante: o chefe da tribo ou o xamã passam vários dias sozinhos ou em comunicação com as forças sobrenaturais e "lavam o espírito", condição indispensável para alcançar a lucidez necessária para a decisão. Da mesma forma, depois de ser batizado no Jordão, Jesus não passa imediatamente a ensinar. De acordo com a tradição dos profetas bíblicos, ele começa se isolando durante quarenta dias no deserto. Somente depois desse retiro de silêncio e oração é que ele dá início ao seu sermão. O mesmo se dá com Maomé, o profeta do Islã, que desde a primeira juventude se habituara a se recolher numa gruta, longe dos ruídos de Meca, a encruzilhada mercante da Arábia. Foi durante um desses retiros que ele recebeu a revelação da palavra corânica.

Fazer silêncio interiormente não é privilégio dos profetas nem dos mestres espirituais. Todos nós temos essa capacidade, fruto de um aprendizado perfeitamente acessível através de um exercício simples, universal, conhecido em quase todas as culturas, embora possa ter nomes diferentes: estamos falando da meditação. Uma maneira de praticá-la, particularmente bem-descrita pelos budistas, consiste em colocar-se num estado de total não ação, prelúdio ao apaziguamento da agitação mental. Não se consegue alcançá-lo necessariamente já na primeira vez — o que não é motivo para desistir, pelo contrário. O exercício pode ser praticado de pé, deitado, caminhando, mas no início é melhor dar preferência à posição sentada, numa poltrona ou no chão. Começamos por nos isolar do mundo exterior: se o telefone celular estiver ao alcance da mão ou do olhar, é certeza de fracasso. Em seguida, devemos fechar os olhos e, com o tronco bem ereto, concentrando-nos na respiração, deixar que os pensamentos passem, ou seja, observá-los da mesma maneira como observamos a paisagem quando estamos num trem. Além da janela, vemos uma vaca, depois uma igreja, e simplesmente pensamos "eis uma vaca", depois "eis uma igreja", mas quando vemos a igreja, já esquecemos a vaca: não é porque a vimos que vamos ficar obcecados com ela durante uma hora. É assim que os pensamentos se sucedem, eles estão ali, e nós deixamos que eles passem sem nos prendermos em nenhum deles. Respiramos profundamente, calmamente. Aos poucos, vamos relaxando e entramos em contato com nosso corpo, e depois com a profundidade de nosso espírito.

Uma fábula contada pelos mestres do budismo zen resume bem esse processo. O mendigo é comparado a uma montanha, e os pensamentos, às nuvens que encobrem a montanha. O vento afasta as nuvens que ocultam a montanha, como o fôlego da respiração dissipa os pensamentos. Nuvens passam, outras chegam; são todas sucessivamente afastadas pelo vento. Até que as nuvens se tornam cada vez mais raras, menos escuras, restam apenas alguns tufos perdidos no azul do céu. Passado certo tempo, eles desaparecem.

A montanha surge então em toda a sua majestade. O mesmo se dá com os pensamentos, essas nuvens que enevoam a realidade do espírito e impedem a entrega interior, o surgimento do Eu. Como todo exercício físico ou mental, a meditação deve ser praticada com regularidade para ser dominada. É um exercício cotidiano, que cultivamos em pequenas doses: cinco minutos, depois dez minutos, 15 minutos, e uma hora quando nos tornamos um meditador treinado. Comparo muitas vezes a meditação à ginástica: começamos executando com dificuldade dez repetições, para em seguida cair exaustos; um mês depois, efetuamos cinquenta repetições sem dificuldade. Da mesma forma, à medida que vai treinando, o praticante consegue criar com facilidade cada vez maior um espaço de silêncio interior e aprofundar esse espaço. Meditar torna-se algo precioso, especialmente em situações de tensão, agitação, estresse, medo, nas quais rapidamente nos colocamos num estado de relaxamento interior que conhecemos porque já o experimentamos. Em vez de nos deixarmos tomar por pensamentos negativos, estabelecemos uma distância em relação a nossas emoções. Em vez de ficarmos furiosos, tomamos consciência da exaltação e optamos por não nos deixar levar por ela. Ou então, pelo contrário, se a situação nos obriga, exprimimos esse sentimento, mas num sentido positivo, dominando-o, com uma autêntica liberdade interior. O mestre budista japonês Taisen Deshimaru, que popularizou a prática do zen na Europa a partir do fim da década de 1960, costumava comparar o espírito de cada um de nós a um vidro de água suja. Segundo ele, basta depositar o vidro numa mesa, sem agitá-lo, para que o líquido se decante: a sujeira se deposita no fundo do vidro, a água fica clara. A meditação, acrescentava ele, atua da mesma forma: quando paramos de agitar nosso espírito, os pensamentos pesados se depositam no fundo, e a água da consciência clareia.

Paralelamente à "laica", existem outras formas de meditação, uma delas de caráter mais "religioso", recorrendo, além da atitude de silêncio, a exercícios espirituais propriamente ditos, com a ajuda de um guia. No budismo tibetano, a prática do silêncio interior é considerada um simples fator preliminar para outras práticas mais avançadas, bastante impregnadas de cultura tibetana: prosternações, repetição de mantras, visualização de deidades. Todas essas práticas visam em última análise libertar o espírito da ignorância e alcançar o Despertar do Buda. De outra maneira, a meditação também está presente nas religiões monoteístas. Ao orar, os fiéis começam por fazer silêncio. Isolam-se e se recolhem. Essa atitude de recolhimento favorece o encontro com Deus e, no caso dos cristãos, com Cristo. No século XIII, São Tomás de Aquino dizia que a oração, isto é, a prece silenciosa interior, se dava "de coração para coração com Deus". Não conheço melhor descrição da relação amorosa que se estabelece entre o crente e o Absolutamente Outro a partir da simples presença silenciosa. Contudo, para chegar a esse estado de contemplação, os crentes precisam aprender a acalmar a mente, a alcançar esse estado de silêncio interior que favorece o contato com o divino. Por isso é que aumenta cada vez mais o número de judeus, cristãos e muçulmanos que aprendem as bases da meditação budista. Conheci vários monges beneditinos que foram ao Japão se iniciar na meditação, daí extraindo os melhores frutos para sua vida espiritual cristã.

Eu mesmo pratico a meditação desde os 20 anos de idade, tendo adquirido as técnicas junto aos lamas tibetanos na região do Himalaia. Desde então, tento meditar todos os dias.

Reconheço que, em determinados dias, minha sessão de meditação não passa de cinco minutos. Outras vezes, em compensação, pode durar mais de uma hora. Essa prática me ajuda a me realimentar interiormente, a me distanciar das emoções. E, por sinal, essa é uma das chaves de minhas numerosas atividades: eu não seria capaz de administrar meu tempo sem me esvaziar, sem descolar literalmente meu espírito — ainda que fugazmente — da superfície do mundo, da agitação, das preocupações cotidianas. Meditar não é perder tempo, mas, pelo contrário, ganhar. Assim como precisamos relaxar para melhor recomeçar na vida, a meditação nos permite realizar nossas tarefas com mais acuidade, mais precisão, mais adequação. Penso aqui em duas figuras célebres que dão um maravilhoso testemunho da fecundidade desse empenho: São Vicente de Paulo e Dalai Lama. Padre católico, Vicente de Paulo fundou no século XVII um número incalculável de obras de assistência aos pobres, aos doentes, às vítimas das guerras; foi também o fundador de um asilo para idosos, que viria a se transformar no Hospital de la Salpêtrière, em Paris. Também encontrava tempo para visitar os presos e condenados a trabalhos forçados, ao mesmo tempo atuando como confessor da rainha Ana da Áustria, capelão da rainha Margarida da França e preceptor dos sobrinhos do arcebispo de Paris. Convocado à cabeceira do rei Luís XIII durante sua doença, ele ouviu seu último suspiro. Como é que fazia para concluir todas essas atividades? Como a pergunta lhe era feita muitas vezes, ele respondia que lhe bastava começar seus dias com quatro horas de oração. Tomado pela presença de Deus, acrescentava, ele podia então dar Deus a todo mundo. O mesmo se aplica ao Dalai Lama, homem de grande humanidade que eu tive a sorte de encontrar várias vezes e que sempre me impressionou pela doçura, a atenção aos outros, a disponibilidade. E no entanto ele passa a vida percorrendo o mundo, entregando-se a múltiplas atividades políticas, culturais e espirituais, e a encontros com os poderosos deste planeta, assim como com simples fiéis. Certa vez, ele me confidenciou o segredo de sua hiperatividade: quatro horas de meditação para começar todos os dias.

1. Aristóteles, *Ética a Nicômaco*, Livro X, 7 (Sobre a contemplação).

6

Conhecimento e discernimento

O Buda e Sócrates, entre outros sábios, não se cansavam de repetir esta verdade: a ignorância é a causa de todos os males. Como seria possível construir nossa vida sem conhecimento e sem discernimento? O tempo todo, somos chamados a distinguir, em diferentes níveis, o bem do mal, o verdadeiro do falso, o justo do injusto, o positivo do negativo. Num nível elementar, por sinal mais desenvolvido nos animais que nos homens, o discernimento é instintivo: um animal "sabe" logo de cara o que é bom e o que é mau para sua sobrevivência e a de sua espécie. Nós também dispomos desse instinto animal, muito embora, com a educação e a socialização, venhamos às vezes a desconfiar dele, insistindo em seguir um caminho ou ter contato com indivíduos dos quais nosso "primeiro instinto" nos havia afastado. É verdade que certas pessoas têm uma inteligência instintiva particularmente forte, mas esse instinto não basta para revelar o ser humano em sua plena humanidade. O que nos torna completos é a razão, essa faculdade de refletir, de cruzar dados e organizar conhecimentos, de analisá-los sob vários ângulos antes de tomar uma decisão. É o que chamo de nossa capacidade de discernimento raciocinado, o qual, ao contrário do discernimento instintivo, não é inato, mas é adquirido através da experiência e do conhecimento. Aprender a discernir é uma das coisas mais importantes que precisamos fazer na vida, o que requer um saber, uma consciência, uma reflexão pessoal. É o próprio objetivo da filosofia, palavra que etimologicamente significa "amor à sabedoria", e da qual se pode dizer que consiste em buscar a verdade. Essa busca do conhecimento não é primordial para sobreviver — todos nós conhecemos pessoas agarradas a ideias falsas, preconceitos, apriorismos, e que no entanto são capazes de atender corretamente às necessidades mais elementares da existência —, mas é indispensável para aquele que pretenda levar uma existência autenticamente humana, que queira elevar-se acima da simples animalidade, em busca do belo, do justo, do verdadeiro, do bem. Como frisa o filósofo alemão Hegel, essa busca do conhecimento é ao mesmo tempo uma busca de liberdade: "O ignorante não é livre porque se encontra diante de um mundo que está acima e fora dele, do qual depende, sem que esse mundo estranho seja obra sua nem que nele se sinta em casa. A busca do saber, a aspiração ao conhecimento, desse nível mais baixo até o mais alto, tem como origem exclusivamente essa necessidade irresistível de sair desse estado de não liberdade, para se apropriar do mundo através da representação e do pensamento."[1]

O grande paradoxo do conhecimento filosófico, constituindo seu ponto de partida, é que precisamos começar por desaprender. Devemos pôr em dúvida nossas certezas adquiridas sem reflexão crítica pessoal, através da educação familiar, da religião, da sociedade. O fato é que, se algumas verdades são transmitidas dessa maneira, também se veiculam erros e preconceitos. Cada época, cada país, cada cultura, cada família transmite seu quinhão de visões limitadas ou equivocadas do real. O reconhecimento de nossa ignorância está portanto na própria base da busca da sabedoria. Foi o que Sócrates expressou muito bem: "Só sei que nada sei",[2] repetia incansavelmente, desestabilizando seus interlocutores e obrigando-os a também pôr em dúvida suas próprias certezas. Sua maneira de ensinar estava nos antípodas da transmissão de um saber dogmático: ele estava constantemente questionando os interlocutores para mostrar-lhes sua ignorância ou as contradições de seu discurso. Através dessa desestabilização, ele os levava a refletir sem preconceitos. Como sua mãe, que era parteira, Sócrates se via como um parteiro do espírito. E pagaria com a própria vida essa abordagem crítica radical, que punha em xeque muitos preconceitos de sua época e de sua cidade.

Ainda hoje, apesar dos avanços do conhecimento e da educação filosófica, muitos indivíduos preferem confiar nos preconceitos, recusando-se a questionar de maneira crítica o que aprenderam na infância. No caso de alguns, trata-se sem dúvida de preguiça intelectual. No de outros, é o medo de ser desestabilizado, de precisar questionar suas escolhas de vida, assim como o temor de se sentirem marginalizados em relação ao grupo, à família, ao clã. Afinal, se a busca da verdade liberta, também nos torna solitários. Ela desfaz os elos naturais e arcaicos que muitas vezes repousam sobre um consenso "não dito" de valores e crenças compartilhados. Por isso, aliás, é que Jesus dizia: "Eu não vim trazer a paz, mas a espada. Vim separar o homem de seu pai, a filha de sua mãe, a nora de sua sogra: cada um terá por inimigos as pessoas de sua própria casa. Aquele que ama seu pai ou sua mãe mais que a mim não é digno de mim; aquele que ama seu filho ou sua filha mais que a mim não é digno de mim."³ Sua palavra dividia as famílias: uns acreditavam nele; outros, não. O filósofo, o buscador espiritual que se recusa a acreditar nas aparências às vezes enganadoras, nas falsas evidências e nos preconceitos dominantes deve assumir certa solidão, mas às vezes também enfrentar a hostilidade dos próximos, ainda prisioneiros da própria ignorância.

Platão, o principal discípulo e intérprete de Sócrates, o ilustrou muito bem em sua alegoria da caverna, narrada no livro VII de *A república*. Nesse mito, ele conta que homens estão acorrentados desde sempre numa caverna da qual não conhecem a entrada. Iluminados por uma fogueira, estão separados do caminho externo por uma mureta, como num teatro de marionetes, por trás da qual passam carregadores transportando estátuas. Os homens sequer veem as estátuas: estão de costas para elas. Veem apenas suas sombras, projetadas na parede que têm à frente: nunca viram nada além dessas sombras e portanto estão convencidos de que elas são toda a realidade do mundo. Platão imagina que um dos prisioneiros consegue livrar-se das correntes, sai da caverna, vê o mundo tal como é e "se cura de sua ignorância" (515c). Mas que fará ele, se precisa voltar à caverna e retomar a vida de acorrentado? Os companheiros zombarão dele e certamente se recusarão a viver a mesma experiência, preferindo, ao desconhecido, essas sombras que estão habituados a ver, por mais limitadas e enganosas que sejam. "E se alguém tentar libertá-los e levá-los ao alto, podendo eles matá-lo, não haverão de matá-lo?" (517).

É essa luz do conhecimento que nos ajuda a discernir, a proceder à escolha justa levando em conta todo o espectro da realidade, em vez de nos deixar guiar cegamente por nossos instintos e nossas tradições. Não se trata, deixemos bem claro, de rejeitar globalmente os valores que durante séculos governaram nossas sociedades. No Ocidente, esses valores eram cristãos, sendo apresentados como expressão da lei divina, um código fundamental, indiscutível e insuperável. O mesmo se aplica às outras esferas de civilizações, regidas por outras religiões. Todas as tradições religiosas do mundo transmitiram certo número de códigos e valores fundamentais: a proibição do homicídio, do roubo, da mentira, do incesto. O que preconizo não é sua rejeição, mas sua apropriação íntima por cada um de nós. Com efeito, em nossas sociedades contemporâneas — e acredito que isso é característico da modernidade — não nos contentamos mais com os argumentos de autoridade. "Tornamo-nos adultos", para retomar a expressão do filósofo alemão Emmanuel Kant, e precisamos entender a razão de uma proibição e sua necessidade antes de aplicá-la. Assim, as tradições religiosas veiculam verdades universais, mas também preconceitos — por exemplo, proibições alimentares ligadas a uma cultura antiga, que muitas vezes não se justificam mais hoje em dia. Cabe a nós questioná-las. Por outro lado, parece-me necessário considerar cada situação caso a caso, ao passo que as religiões tendem a tornar absolutas as regras. Tomemos o exemplo do aborto, condenado por todas as religiões. Em si mesmo, trata-se evidentemente de um ato negativo, pois impede o desenvolvimento de uma vida. Todavia, uma situação pessoal particular pode transformar esse ato negativo em mal menor, e acredito que cabe a cada um dar mostra de discernimento antes de tomar a decisão que considere mais justa, em função de diferentes parâmetros. Esse julgamento coletivo que não leva em conta situações particulares, situações que podem tornar esse ato necessário, é lamentável. Entretanto, considero ao mesmo tempo não menos lamentável a atitude contemporânea que tende às vezes a banalizar o aborto no discurso público. O discernimento consiste em levar em conta a importância desse ato e de suas consequências, escolhendo com toda a consciência o caminho mais justo, em função de todos os fatores afetivos, emocionais e materiais relativos a uma dada situação. Naturalmente, é mais fácil seguir sem reflexão as crenças sociais ou religiosas dominantes do que forjar uma convicção pessoal.

1. Hegel, *Esthétique*, Flammarion, "Champs", 1984, p. 147.
2. Platão, *Teeteto*, 150c.
3. Mateus, 10, 34-35.

7

Conhece-te a ti mesmo

O trabalho de discernimento e busca da verdade cuja importância acabo de frisar exige não só um aprendizado e um conhecimento do mundo, mas também um autêntico conhecimento de si mesmo. Heráclito, o pensador de Éfeso, afirmava já no início do século V antes de nossa era: "É preciso estudar a si mesmo."[1] Temos também a famosa máxima de Sócrates: "Conhece-te a ti mesmo." Ele não a inventou, retomando-a do templo de Apolo, em Delfos, onde, segundo Platão, ela podia ser lida no frontão, transformando-se no lema de sua busca. O filósofo ateniense não questionava seus interlocutores a respeito de questões metafísicas abstratas, fazendo na verdade com que eles próprios as trouxessem à tona. E através do homem singular, para além de sua individualidade, era a natureza humana que ele pretendia alcançar. Considerava que quando um indivíduo mergulha em sua natureza profunda, quando se eleva dessa maneira além de seus próprios preconceitos e paixões, pode tocar o "verdadeiro", aquilo que funda o humano: a verdadeira coragem, a verdadeira justiça, a verdadeira bondade. E não era diferente o que o Buda dizia ao afirmar: "Quando a verdadeira natureza das coisas se torna clara para aquele que medita, todas as suas dúvidas desaparecem, pois ele se dá conta de qual é essa natureza e qual é sua causa."² Uma natureza única, situada além das identidades individuais e que vincula cada um de nós a toda a humanidade. Conhecer a si mesmo então é conhecer a humanidade, mas também o cosmos e o divino que se desvenda no mais íntimo de nós. A máxima completa inscrita no templo de Apolo o diz explicitamente: "Conhece-te a ti mesmo e conhecerás o universo e os deuses." O que um contemporâneo chinês de Sócrates, Mêncio, também formulou muito bem: "Aquele que vai até o fim do próprio coração conhece sua natureza de homem. Conhecer a própria natureza de homem é então conhecer o céu."³

A cultura contemporânea tem tendência a reduzir os objetivos do conhecimento de si mesmo às temáticas do desenvolvimento pessoal e da autoajuda: aprendemos a nos conhecer para dominar nossas emoções, para melhor administrar a vida no cotidiano. Esse objetivo certamente é excelente, mas também algo limitado. É importante entender que, aprendendo a nos conhecer, temos acesso a uma percepção mais universal da natureza humana. Para os filósofos da Antiguidade, como acabamos de ver, o trabalho em si mesmo também era um laboratório de humanidade. A tensão entre o bem e o mal por eles vivenciada lhes ensinava de que maneira o combate entre essas duas forças se dá no coração de todo ser humano. Essa exploração adquiriu um novo aspecto no mundo moderno através da literatura. As obras-primas de Balzac, Stendhal, Flaubert e Proust apresentam análises extremamente aprofundadas da alma. Mediante a psicologia de um Pai Goriot, de uma Madame Bovary ou de um Julien Sorel são expressas a complexidade do humano, sua grandeza e sua pequenez, suas aspirações contraditórias, a força do amor, a capacidade de destruir... A literatura moderna permite a muitos indivíduos aprender a se conhecer e a conhecer o homem através dos personagens romanescos. Confesso que os romances tiveram muita importância em minha adolescência e, assim como a filosofia, certamente me ajudaram a me conhecer melhor e a compreender a natureza humana. Hoje, quando escrevo meus próprios romances, falo naturalmente de mim e, através de mim, da humanidade.

A exploração de si mesmo também pode ser feita à maneira dos antigos, através de um trabalho prático de introspecção racional para o qual dispomos de várias ferramentas, instrumentos que nos ajudam a responder à grande pergunta do "Quem sou?", passando por interrogações existenciais mais concretas: "Quais são minhas motivações?", "Por que ajo dessa ou daquela maneira?", "Por que tenho repulsa por esta ou aquela categoria de indivíduos?" Ao longo desse trabalho, é importante não perder de vista que todos temos aversões, atrações, preconceitos e partes escuras na sombra; esse trabalho exige na verdade muita humildade: vamos descobrir todas as misérias e as potencialidades de destruição que se encontram em nosso interior.

Quando me entreguei a esse trabalho, por meios tão diferentes quanto a espiritualidade budista e cristã ou a psicanálise e a Gestalt-terapia, levei um choque ao tomar consciência das pulsões negativas e destruidoras de que estava investido. Dei-me conta de que tinha tendências violentas, pulsões que, num outro contexto e com uma outra educação, talvez me tivessem transformado num criminoso. Desse modo, "entendi" os que não hesitam em cometer atos destrutivos, e embora continue reprovando seus atos, estou em condições de compreender os que cederam às próprias camadas sombrias, por falta de anteparos. "Não julgueis",[4] disse Jesus. Pude realmente entender essa exortação depois de efetuar esse trabalho comigo mesmo. Percebi que quando julgo alguém estou em primeiro lugar julgando a mim mesmo, já que abrigo as tendências inconfessáveis que estou julgando. Quando aprendemos a nos conhecer, na verdade tornamo-nos mais compassivos e a imagem idealizada que temos de nós mesmos se esboroa, o que pode ser insuportável enquanto não entramos na aceitação do que de fato somos. Uma aceitação que é o indispensável primeiro passo para a transformação. Idealizar a si mesmo, idealizar o próprio clã ou a própria nação tem como consequência projetar o mal lá fora. É assim que são legitimadas quase todas as guerras.

Várias ferramentas, filosóficas, psicológicas ou mais propriamente religiosas, acessíveis a todos, estão aí para nos ajudar a empreender a análise da introspecção, para ir sempre mais longe no questionamento. Outras nos permitem desenvolver a capacidade de nos conhecer e nos aceitar passando pela consciência do corpo em harmonia com a consciência do espírito. Elas tomam o caminho da experiência sensorial e emocional vivida sem julgamento e sem *a priori*. Tudo isso nos ajuda a soltar as travas, os preconceitos, o ego, elementos que nos impedem o acesso à compreensão do que somos verdadeiramente.

Um dos instrumentos cognitivos é o que poderíamos chamar de "diário íntimo", recapitulação cotidiana, de preferência escrita, senão mental, dos atos e pensamentos do dia. Na Grécia antiga, Epiteto recomendava que não se dormisse antes de ter feito essas perguntas essenciais: "Será que negligenciei algo do que contribui para a felicidade e que agrada aos deuses? Cometi algum ato contra a amizade, a sociedade, a justiça? Me eximi de fazer o que deve fazer um homem de bem?"[5] Esse exercício foi retomado na tradição cristã, especialmente por Inácio de Loyola, o fundador da ordem jesuíta, que explica que aprendemos a "conservar os frutos colhidos"[6] durante os exercícios "de exame de consciência" que ele preconizava fossem feitos duas vezes por dia — assim como da comparação, semana após semana, dos progressos efetuados.

Quaisquer que sejam os métodos usados, o trabalho introspectivo pode, naturalmente, ser feito sozinho, mas também com a ajuda de um guia. Sócrates era um guia inimitável, e no fim das contas, desde a Antiguidade, poucos outros filósofos desempenharam esse papel direto de professor de consciência junto aos discípulos. No Ocidente, com efeito, a filosofia progressivamente perdeu seu caráter de sabedoria para se transformar num saber teórico, e os raros filósofos que foram verdadeiramente sábios — como Spinoza, Montaigne ou Schopenhauer — não tiveram discípulos diretos.

Muito diferente é essa experiência no Oriente, onde a circulação da sabedoria se dá há mais de dois milênios, por transmissão ininterrupta do mestre ao discípulo. O mestre espiritual está presente para legar não só um saber, como também as modalidades de uma experiência que o discípulo deve ter por si mesmo. Ele fornece um método de trabalho sobre si mesmo e verifica sua boa utilização. Muitas vezes, também desempenha um papel mais determinante, quando encarna aos olhos dos discípulos um ser que alcançou o auge da vida espiritual: a libertação. O discípulo "venera" então seu mestre como manifestação do divino ou do Absoluto, ligando-se a ele de maneira mais afetiva. O que pode acarretar muitas desilusões e abusos, quando o mestre não está à altura e se aproveita da confiança nele depositada pelos discípulos. Alguns pseudomestres indianos passaram por esse tipo de desvio com discípulos ocidentais crédulos na segunda metade do século XX, de tal maneira que o belo título de "guru", que significa "amigo espiritual", tornou-se para nós sinônimo de escroque espiritual e manipulador de almas. A escolha de um mestre requer, portanto, grande discernimento, e muitos ocidentais pouco conscientes de si mesmos projetam em personagens exóticos e carismáticos — gurus indianos, lamas tibetanos, mestres zen japoneses, xamãs indígenas — expectativas infantis que os deixam em situação de dependência afetiva em relação a indivíduos nem sempre competentes ou bem-intencionados. Assim foi que eu conheci um lama tibetano que tinha relações sexuais com a maioria de suas belas discípulas, a pretexto de iniciação tântrica, e às vezes eram necessários muitos anos para que essas ingênuas dolorosamente tomassem consciência de que tinham sido usadas exclusivamente para fins de prazer sexual. Esse tipo de desvio também existiu durante muito tempo no mundo cristão, com confessores e pseudodiretores de consciência que eram autênticos perversos. Os casos de pedofilia que estão salpicando a Igreja Católica servem, infelizmente, para lembrá-lo. Em relação à mensagem dos Evangelhos, por sinal, a presença de um guia espiritual no cristianismo parece menos necessária do que nas tradições orientais, pois Cristo é o verdadeiro mestre espiritual, ao qual todos os cristãos se ligam pela oração. Ele próprio se apresentou como "o caminho, a verdade e a vida".[7] Basicamente, a fé cristã não é uma crença nos dogmas, mas um vínculo vital que une o fiel a Cristo e, através dele, ao Deus inefável. O verdadeiro diretor de consciência é o Espírito Santo, enviado por Cristo após sua partida deste mundo: "O Espírito de Verdade, quando vier, haverá de introduzi-los a toda a verdade."[8] O cristão é um discípulo de Cristo que tenta fazer a vontade de Deus ouvindo o Espírito. E é através da prece silenciosa, da oração, que ele entra no mais profundo de si mesmo para ouvir a voz de sua consciência esclarecida pelo Espírito de Deus.

Aos 19 anos de idade, pouco tempo depois de ter sido despertado para o questionamento filosófico pela leitura de Platão e pela descoberta do budismo, tive um choque místico ao ler os Evangelhos. Já vivenciara experiências interiores de grande impacto na natureza, sentimentos de alegria pura. Pela primeira vez, porém, eu vivia uma experiência dessa ordem em relação a Cristo. Fui tocado no mais íntimo do meu ser por sua presença amorosa e luminosa. Posteriormente, várias vezes voltaria a viver essa experiência. Ao mesmo tempo que dava prosseguimento a meus estudos de filosofia, procurei aprofundar minha fé. Assim foi que tive a sorte de conhecer, aos 21 anos, um religioso dominicano, o padre Marie Dominique Philippe, meu professor de filosofia grega na Universidade de Friburgo, na Suíça. Ele foi meu orientador espiritual durante vários anos, e, desejando viver o Evangelho de maneira radical, cheguei inclusive a me integrar por algum tempo numa jovem comunidade religiosa por ele fundada. Acontece que padre Marie nunca me deu nenhum conselho pessoal, à parte o seguinte: "Ore ao Espírito Santo para que o ilumine." Habituei-me, assim, a ler o Evangelho e a orar, em vez de seguir a opinião dos clérigos, e, apesar de cristão, não compartilho do ponto de vista da Igreja sobre certos pontos essenciais em matéria de dogma e moral, o que desestabiliza muitos católicos conservadores que preferem ser contestados por um ateu como Michel Onfray do que por um elétron livre do cristianismo. Em sentido inverso, o fato de me declarar cristão me torna suspeito aos olhos de certos indivíduos alérgicos ao cristianismo ou para os quais a fé limita necessariamente a capacidade de pensar livremente. Como dizia mais acima, uma busca filosófica e espiritual rigorosa nos distancia de qualquer certeza confortável, assim como de todo clã. A solidão e às vezes a crítica mais feroz são o preço a pagar pela liberdade e a fidelidade à voz da consciência íntima, e não a uma tradição, por mais venerável que seja, ou a uma moda dominante.

1. Citado por Diógenes Laércio, IX, 5.
2. *Vinaya Mahavagga* 1, 3.
3. *Livro de Mêncio* VI, A.
4. Mateus 7, 1; João 7, 24.
5. Epiteto, *Conversas*, IV, 23.
6. Inácio de Loyola, *Exercícios espirituais,* 18ª anotação.
7. João 14, 6.
8. João 16, 13.

8

A aquisição das virtudes

Nos capítulos anteriores, eu insisti na importância do desenvolvimento de nossas faculdades de discernimento, na necessidade de uma constante busca da verdade, nas técnicas de autoconhecimento. Essas "tarefas", se assim podem ser chamadas, dizem respeito essencialmente à inteligência: com efeito, são a inteligência e a razão que nos permitem realizá-las bem. A razão é necessária para conhecer e discernir, mas conhecimento e discernimento não bastam para construir uma vida boa e justa. Afinal, a construção de uma "vida boa", no sentido em que a entendiam os filósofos da Antiguidade, também implica uma mobilização da vontade, que permite a aquisição das virtudes morais.

A virtude, explica Aristóteles na *Ética a Nicômaco* — um livro que todo colegial deveria ler —, é a exata "justa medida" entre os extremos nocivos. As virtudes, explica ele, "estão naturalmente sujeitas a perecer, ao mesmo tempo por excesso e por falta", constituindo uma "mediania entre dois vícios". E ele o ilustra com exemplos concretos: "Aquele que foge diante de qualquer perigo, que tem medo de tudo e nada sabe suportar torna-se um covarde, exatamente como aquele que nada teme e enfrenta qualquer perigo se torna um temerário; da mesma forma, aquele que se entrega a todos os prazeres e não recusa nenhum se torna um homem dissoluto, assim como aquele que se priva de todos os prazeres, como um bronco, se transforma numa espécie de ser insensível. Desse modo, a moderação e a coragem se perdem igualmente pelo excesso e pela falta, ao passo que se conservam pela justa medida."[1] A virtude, em suma, é um ponto de equilíbrio que nos permite praticar, pelo emprego de nossa vontade, atos justos, longe do excesso e da ascese, igualmente nocivos.

Essa afirmação é confirmada pela experiência do Buda. Como já relatei, depois de fugir do palácio principesco de seu pai para partir em busca da Verdade, ele começa por se juntar aos ascetas mais rigorosos, aqueles que buscam a libertação infligindo-se as mais temíveis mortificações. Junto a eles, o Buda chega perto da morte, de tantos sofrimentos e privações, e não alcança a libertação, vendo-se, pelo contrário, segundo os textos, num tal estado de debilitação que se torna incapaz de se entregar à meditação. Decide então abandonar esse caminho extremo, constatando sua falta de sentido, volta a se alimentar com moderação e deixa de se infligir torturas. Certa noite, alcança o Despertar. Assim é que vai pronunciar, em Benares, seu primeiro sermão: "Um monge deve evitar dois extremos. Quais? Apegar-se aos prazeres dos sentidos, o que é baixo, vulgar, terrestre, ignóbil e produz más consequências, e entregar-se às mortificações, o que é penoso, ignóbil e produz más consequências. Evitando esses dois extremos, ó monges, o Buda descobriu o caminho do meio que dá a visão, o conhecimento, que conduz à paz, à sabedoria, ao despertar e ao nirvana."[2] Dali em diante, ele não deixaria mais de pregar o que veio a ser conhecido como "o Caminho do Meio", o único que pode nos libertar do ciclo do samsara, para alcançar o Despertar.

Eu mesmo fui levado a praticar uma vida ascética na comunidade religiosa à qual me integrara. Reprimindo uma parte de minhas necessidades profundas — ternura, sensualidade, necessidade de organizar meus dias em função do meu ritmo pessoal —, eu vivia numa tensão que acabou por prejudicar minha vida espiritual. Passei em outros momentos por períodos nos quais me entreguei a todos os prazeres: no fim das contas, não era mais feliz. Pude perceber por minha própria experiência que a verdadeira felicidade reside na moderação. Mais ou menos a meio caminho entre a satisfação dos desejos e seu controle total. Essa constatação é válida em todos os níveis. Eu adoro chocolate, mas aprendi a me conter antes da crise hepática, e me limito a uma taça de um bom vinho, sabendo que meu corpo dificilmente toleraria a segunda!

Quais são as diferentes virtudes que somos convocados a mobilizar? Em sua escola, que era uma espécie de mosteiro, fundada no século VI antes da nossa era, Pitágoras selecionava rigorosamente os alunos que seriam então formados nessas qualidades consideradas constitutivas do homem grego cultivado: austeridade, coragem, moderação, autocontrole. Aristóteles depuraria essa relação, fixando-se em quatro virtudes: prudência, temperança, coragem e justiça. São aquelas que viriam a ficar conhecidas como virtudes cardeais. A prudência — *phronèsis*, em grego — significa capacidade de discernir bem o que se deve fazer. Em outras palavras, é a virtude que nos permite encontrar os meios adequados de alcançar nosso objetivo. Segundo Aristóteles, ela é, assim como a sabedoria e a inteligência, uma virtude "intelectual", que "depende em grande medida do ensinamento recebido, tanto para sua produção quanto para seu desenvolvimento. Assim é que ela precisa de experiência e de tempo". A prudência é a virtude-chave, insiste ele. As três outras virtudes principais — a temperança, a coragem e a justiça — dizem respeito à vontade: essas virtudes morais são "produto do hábito". De qualquer maneira, acrescenta ele, "é evidente que nenhuma das virtudes morais é gerada em nós naturalmente".[3] Elas são adquiridas e cultivadas ao longo da vida, mas nos são indispensáveis, pois a felicidade, prossegue ele, na tradição da filosofia greco-latina, nada mais é que "uma atividade da alma em conformidade com a virtude".[4]

A associação entre virtude e felicidade não é exclusiva de Aristóteles. A moral estoica baseia-se nesse mesmo princípio. Assim é que, no início do século I, o latino Sêneca afirma que a alegria reside "na consciência voltada para o bem, nas intenções que têm como objeto exclusivo a virtude, os atos corretos"[5] regidos pela temperança. Somente sendo virtuosos, aceitando a ordem do mundo, dada antecipadamente e inexorável, podemos ser felizes. Ser vicioso e se rebelar pode apenas, segundo os estoicos, levar à infelicidade e ao sofrimento: "A vida feliz é portanto aquela que está de acordo com sua própria natureza"[6] e a do mundo, resume Sêneca.

No Oriente, o Buda também insiste na importância do desenvolvimento das virtudes. O mais longo dos seus sermões, o *Sigalovada sutta*, ou sermão de Sigala, trata da moral laica. Falando a um jovem, Sigala, que efetua em sua presença um curioso ritual religioso recebido do pai, o Buda prefere ensinar as regras às quais todos devemos nos adaptar para nos realizarmos nesta vida. Ele enumera os vícios a serem erradicados, o comportamento a observar na presença dos pais, dos mestres ou dos amigos e sobretudo as quatro causas que podem levar qualquer pessoa a cometer maus atos: a parcialidade, a hostilidade, a estupidez e o medo. A tradição budista viria a publicar centenas de tratados sobre as virtudes e os vícios, balizando um caminho de comportamento ético. Os ensinamentos tibetanos, por exemplo, falam das quatro virtudes da palavra: não mentir, não dizer palavras ofensivas, não dizer palavras de discórdia e não dizer palavras fúteis.

A moral cristã retomou as quatro virtudes cardeais de Aristóteles, acrescentando as três virtudes teologais, ou seja, que têm Deus como objeto: a fé, a esperança e o amor. Elas são citadas por Paulo em sua primeira Epístola aos Coríntios, e ele acrescenta: "Mas o amor é a maior delas."[7] Como as virtudes morais, estas se desenvolvem através de uma prática regular, mas aqui a vontade humana não basta: também é necessário o concurso da graça divina para que elas nasçam e se desenvolvam na alma.

As tradições filosóficas e espirituais, mas também a experiência individual, mostram que as virtudes são como uma semente enterrada e que precisa de água, de sol e de cuidados, caso contrário jamais germinará numa planta nem, *a fortiori*, numa árvore com seus frutos. O ponto de partida, que parece óbvio mas cabe lembrar, é que, para se tornar virtuoso, é preciso antes de mais nada desejá-lo. Como diz Maimônides, o grande pensador judeu do século XII: "Todo homem tem a possibilidade de ser justo (...) ou mau, sábio ou tolo (...). Não há quem possa constrangê-lo ou predeterminar seu comportamento, ninguém que o arraste no caminho do bem ou do mal. Ele mesmo é que, por iniciativa própria e em plena consciência, escolhe o caminho que deseja."[8] Pode haver paixões que não desejemos sujeitar a regras, desejos que queiramos satisfazer sem limites. Quando constatamos que essas paixões nos tornam infelizes ou doentes é que decidimos dominá-las. Entretanto — e isso me aconteceu com frequência —, há períodos na vida nos quais sabemos que seria necessário mudar esse hábito ruim ou aquele comportamento nocivo, e apesar disso não o fazemos. Não temos vontade de ser virtuosos. No entanto, se decidimos transformar esse hábito, convém tomar o caminho virtuoso, pois é praticando a virtude que ela vai se enraizar e tornar-se um *habitus* — tradução latina da palavra grega *hexis* —, uma qualidade estável. Aristóteles o expressa muito bem: "Não é por natureza nem contrariamente à natureza que as virtudes nascem em nós, mas ela nos deu a capacidade de recebê-las, e essa capacidade é levada à maturidade pelo hábito", diz ele, comparando as virtudes a uma arte cujo domínio "pressupõe um exercício". E ele cita o seguinte exemplo: "É construindo que nos tornamos construtores, e tocando cítara é que nos tornamos citaristas. Assim também, é praticando atos justos que nos tornamos justos, atos moderados que nos tornamos moderados e atos corajosos que nos tornamos corajosos."[9] Em outras palavras, o discernimento certamente é importante, mas não basta: ir mais longe requer o exercício da vontade e da prática.

Eu comparei nosso espírito a um músculo que se fortalece com o treinamento esportivo; o mesmo se aplica à vida moral. Não devemos temer o fracasso. Assim como fazer silêncio internamente é resultado de um treinamento, não podemos tornar-nos virtuoses da virtude, por assim dizer, já nos primeiros passos. É preciso ter a humildade de aceitar que certas tentativas sejam seguidas de erros, e é preciso sobretudo perseverar, pois o caminho da virtude é como um declive escorregadio: se desistirmos de nos esforçar, haveremos de regredir. Tampouco devemos perder de vista que o vício é irmão gêmeo da virtude;

como ela, é adquirido e aperfeiçoado com a prática, e depois se instala de maneira duradoura. E, assim como a prática uma única vez de um ato virtuoso não nos torna virtuosos, devemos reconhecer, por nós mesmos e pelos outros, que o fato de cometer um ato mau não significa que está tudo perdido e que nós, ou o outro, mergulhamos no vício.

1. Aristóteles, *Ética a Nicômaco*, Livro II, 2.
2. O sermão de Benares é reproduzido em especial no *Samyutta Nikaya*, 420-424, e no *Vinaya Pitika* 1, 110-112.
3. Aristóteles, *Ética a Nicômaco*, Livro II, 1.
4. *Ibid.*, Livro I, 6.
5. Sêneca, carta XXIII, 7.
6. Sêneca, *Da vida feliz*, 3,3.
7. I Co 13, 13.
8. Maimônides, *O guia dos perplexos*, III, 51.
9. Aristóteles, *Ética a Nicômaco*, Livro II, 1.

9

Tornar-se livre

Todos nós amamos a liberdade, mas será que sabemos apreciar e usar com critério a autonomia de que dispomos, e que é a condição *sine qua non* da expressão de nossa individualidade? Até um passado relativamente recente, a liberdade individual era grandemente entravada pela força dos vínculos sociais e familiares, pelo peso das tradições e o caráter autoritário dos sistemas políticos. Hoje, temos no Ocidente uma oportunidade extraordinária, a de poder fazer nossas próprias escolhas existenciais. Podemos decidir nossa profissão e o lugar onde vivemos, mudar de cidade e de país, escolher nosso cônjuge, assumir a vontade de construir uma família ou de não ter filhos. Da mesma maneira, temos o direito de adotar livremente, conscientemente, os valores que nos parecem mais justos para guiar nossa vida. Podemos optar por ter uma religião ou não, por seguir este ou aquele caminho espiritual. O que nos parece banal. Mas não devemos esquecer que em muitos países, ainda hoje, a religião e as normas morais são impostas conjuntamente pelas autoridades políticas e religiosas. Aquele que as transgride ou, pior ainda, recusa-se a adotá-las, em nome de sua liberdade de crença ou de convicções, é punido pela lei e pode até ser condenado à morte. Essa liberdade de crença é uma conquista fundamental da modernidade, uma herança do Iluminismo que abalou fortemente na Europa, no século XVIII, a Igreja todo-poderosa e sua aliança com os poderes políticos.

Entretanto, por mais importante que seja, a liberdade de escolha e de consciência não basta por si só para nos tornar plenamente livres. Existe, com efeito, outra forma de alienação: a escravidão interior. Refiro-me com isso a nossa submissão, a nossa abdicação diante de nossas paixões, nossos desejos conscientes ou inconscientes, diante de nossos laços internos recalcados. Essa alienação nos torna prisioneiros de nós mesmos. Tenhamos o cuidado de nos observar. Poucos de nós reconheceriam com toda a honestidade que conseguiram conquistar inteiramente sua liberdade interior. Somos todos condicionados por preconceitos, necessidades, desejos ou aversões às vezes tão violentos que invadem nosso espaço de liberdade. Temos todos, em diferentes graus, maus hábitos de que nos tornamos escravos, que nos impedem de ser inteiramente nós mesmos e de estabelecer uma relação fluida com os outros. Esses entraves internos são correntes tão pesadas quanto aquelas que fazem prisioneiros físicos nos regimes totalitários.

Como pude mostrar num trabalho anterior, o conceito de liberdade interna está no cerne dos ensinamentos do Buda, de Sócrates e de Jesus.[1] Se esses três mestres de sabedoria pretendem libertar o indivíduo das cadeias do grupo e do peso da tradição, não é apenas para torná-lo politicamente autônomo, mas para que ele possa percorrer um caminho de libertação interna. Aos olhos do Buda, a verdadeira liberdade é aquela que todo ser humano deve conquistar combatendo suas paixões, seus desejos, suas vontades, que constituem na verdade as cadeias que o prendem à roda do samsara. Todo o seu ensinamento está contido em quatro verdades sobre a sede e o apego que ligam o indivíduo à ronda infernal das reencarnações. Para Sócrates, a ignorância é que é a causa de todos os males: o erro, a injustiça, a maldade, a vida desregrada — características que fazem mal ao outro, mas sobretudo a si mesmo. É por ignorância, em suma, que os homens fazem a própria infelicidade. E é através do conhecimento de si mesmo e da verdadeira natureza das coisas que o homem poderá se libertar do vício e da infelicidade. Aquele que teve acesso ao conhecimento do verdadeiro, do justo, do bem, não pode deixar de se tornar um homem bom e virtuoso.

A mensagem de Jesus entra em ressonância com as de Sócrates e do Buda: "Se permanecerdes na minha palavra, sereis verdadeiramente meus discípulos e conhecereis a verdade, e a verdade vos libertará", promete ele aos que o ouvem.[2] E acrescenta: "Aquele que comete pecado é escravo." A palavra "pecado" tem uma conotação tão forte, depois de 2 mil anos de cristianismo, que é difícil ouvir de uma maneira nova o que ela significa na boca de Jesus. A tradição cristã estabeleceu ao longo dos séculos uma lista de pecados, entre os quais os famosos sete pecados capitais que levam ao inferno: preguiça, orgulho, gula, luxúria, avareza, cólera, inveja. A palavra "pecado" é a tradução do latim *peccatum*, que significa culpa. Esta vem a ser, por sua vez, tradução do grego bíblico *hamartia*, que significa deficiência ou erro, e que por sua vez é transcrição da palavra hebraica *hatta'to*, que poderia ser traduzida com mais precisão pela expressão "errar o alvo". Pecar é errar o alvo, orientar mal o próprio desejo ou então deixar de atingir o verdadeiro objetivo visado. A partir do momento em que agimos mal, estamos no erro e separados da verdade, e portanto de Deus. Claro que os famosos sete pecados capitais estão entre as transgressões que podem afastar de Deus. Contudo, se é verdade que Jesus não vai de encontro à Lei, o fato é que pretende conferir-lhe profundidade e ressonância pessoais e interiores. Ele não veio para acrescentar novas leis ou definir uma lista de pecados, mas para mostrar que todo verdadeiro pecado se define à luz do amor, e que não é por medo do Inferno que não devemos cometer erros, mas por medo de causar a própria infelicidade e a infelicidade do outro ao nos afastarmos da verdade. Em suma, é por amor e por inteligência que convém evitar o pecado. Depois de ter longamente caminhado, depois de ter errado e de ter se recuperado, a alma não é mais tentada pelo pecado, pois aprende a conhecer sua natureza nociva. A partir do momento em que tem acesso ao amor e à verdade, o homem sai da alienação: restabelece contato com sua fonte, não está mais separado, fechado sobre si mesmo, no erro ou no egoísmo.

O Buda, Sócrates e Jesus concordam, portanto, que o homem não nasce livre, mas se torna livre ao sair da ignorância, aprendendo a discernir entre o verdadeiro e o falso, o bem e o mal, o justo e o injusto; aprendendo a se conhecer, a se dominar, a agir com sabedoria e compaixão.

Paralelamente à questão da liberdade, coloca-se a da escolha. Vivemos, com efeito, em sociedades que nos oferecem muitas possibilidades. Paradoxalmente, no entanto, essa grande liberdade de escolha pode ser perversa e opressora: a incapacidade de escolher aliena a liberdade, e o excesso de possibilidades esmaga o indivíduo. Não faz muito tempo, o nascimento condicionava o destino individual: a pessoa herdava a profissão do pai e se conformava com as formas de vida de sua categoria social. Hoje, podemos escolher nossa profissão, o lugar onde vivemos, podemos até trocar de sexo mediante uma operação cirúrgica. As limitações do passado talvez não fossem propícias a um desabrochar, mas tinham a vantagem de ser tranquilizadoras. Ofereciam um enraizamento e referenciais estáveis aos indivíduos. O leque de possibilidades que já agora se apresenta, em todos os momentos de nossa vida, pode, em sentido inverso, ser fonte de angústia. Podemos às vezes ser tentados a acumular tudo, a não abrir mão de nada. Ora, se quisermos fazer tudo, não teremos êxito em nada, senão em viver esgotados e atormentados pela não realização.

A abundância de possibilidades pode conter outros perigos: o de sermos esmagados pela dificuldade de escolher e o de cairmos na depressão. Muitos jovens enfrentam hoje um dilema: desejam realizar-se e se desenvolver, o que é a palavra de ordem de nosso mundo moderno, e ao mesmo tempo não conseguem saber o que é bom para eles, encontrar seu caminho, fazer as boas escolhas. Tampouco conseguem se disciplinar ou tornar-se suficientemente virtuosos para ter êxito em caminhos estimulantes mas exigentes. Aspiram a tudo e não conseguem nada, ou pelo menos não grande coisa. Com isso, alguns já não têm mais gosto por nada, enquanto outros caem nas drogas ou no álcool, se lançam em aventuras ou vão levando a vida na mediocridade, fazem um pouco de música ou de informática sem nunca levar até o fim algum propósito que deles exija perseverança. Estão, literalmente, deprimidos.

O filósofo e historiador Alain Ehrenberg mostrou muito bem que se a neurose, isto é, o conflito psíquico entre nossos desejos e as interdições morais, era a patologia dominante das sociedades ocidentais na época de Freud e até o fim da década de 1960, o mesmo não acontece desde maio de 1968 e a liberação dos costumes. O indivíduo hoje não sofre mais de excesso de proibições, mas de excesso de possibilidades, de uma pressão demasiado forte para o desempenho e a autonomia. Hoje, essa forma de depressão, que afeta cada vez mais adolescentes e jovens adultos, constitui um dos sintomas da incapacidade de alguém se realizar, de ser ele mesmo.[3]

1. Frédéric Lenoir, *Sócrates, Jesus, Buda,* Objetiva, 2011.
2. João 8, 31-32.
3. Alain Ehrenberg, *La Fatigue d'être soi*, Odile Jacob, 1998.

10

Amor-próprio e cura interior

Nos capítulos anteriores, insisti na importância primordial do conhecimento, e particularmente do autoconhecimento, como caminho para a verdade e a felicidade. Um caminho incontornável, na medida em que é a verdadeira garantia de nossa liberdade interior. Todavia, embora seja indispensável, esse caminho não é suficiente para nos fazer felizes e plenamente humanos. Outro elemento também deve intervir, uma dimensão que é tão fundamental quanto a inteligência voltada para o conhecimento e a verdade: o amor. O fato de amar e de ser amado, de estar em relação afetiva com os outros. Com efeito, assim como nos sentimos sufocados quando não somos livres, nós ressecamos quando não temos vínculos. A liberdade e o amor são, estou convencido, as duas grandes condições para a autorrealização e o desabrochar de cada um de nós.

Quando ouvimos a palavra "amor", imediatamente pensamos nos outros: amamos nossos filhos, nossos pais, nossos amigos, nosso cônjuge. Fomos moldados nesse sentido por séculos e mesmo milênios de tradições espirituais e filosóficas que deram destaque aos temas da doação de si, da caridade, da compaixão, da mão estendida ao outro. Chegamos, assim, ao ponto de ocultar uma dimensão essencial, que é a própria base do amor: o amor-próprio. E no entanto esse conceito não está propriamente ausente de nosso patrimônio cultural. Pitágoras, um dos primeiros filósofos da Grécia antiga, tinha como lema esta regra de ouro: "Acima de tudo, respeita a ti mesmo."[1] Alguns séculos depois, em sua *Ética a Nicômaco*, Aristóteles dedica dois capítulos (num total de dez) ao tema da amizade, "o que há de mais necessário para viver",[2] segundo afirma no preâmbulo. Mais adiante, depois de ter analisado os diferentes tipos de amizade, seus fundamentos e benefícios, ele afirma que o melhor amigo é aquele que nos deseja o bem de maneira totalmente desinteressada, unicamente por amor, características que "podem ser encontradas em seu mais alto nível na relação do sujeito consigo mesmo". E prossegue: "É partindo dessa relação de si mesmo consigo mesmo que todos os sentimentos que constituem a amizade são em seguida estendidos aos outros homens." Donde sua conclusão: "O homem virtuoso tem o dever de amar a si mesmo",[3] o que não significa de modo algum um estímulo ao egoísmo, mas, pelo contrário, o ponto de partida de uma real abertura para os outros. Três séculos depois, o filósofo latino Cícero explicitaria assim esta ideia: "Todos nós, com efeito, amamos nosso próprio eu, o que não é feito na expectativa de obter de nós mesmos uma remuneração por esse amor, mas porque nosso eu nos é caro por ele mesmo. Se essa maneira de amar não servir de modelo à amizade, jamais poderemos ser verdadeiramente amigos, pois o autêntico amigo é para o seu amigo um segundo ele mesmo."[4]

É a mesma ideia que vamos encontrar na expressão de Montaigne "a amizade que cada um deve a si mesmo",[5] sem a qual ninguém poderia amar a vida e os outros. Seria um equívoco considerar que essa reflexão se limita à filosofia. O amor a si mesmo, como fundamento da relação com o outro, também é uma exigência bíblica: "Amarás o teu próximo como a ti mesmo",[6] ordena o Deus de Moisés, exortação que seria retomada por Jesus nos mesmos termos.[7] Todos nós conhecemos essa frase, mas muitas vezes lembramos apenas a metade: "ama o teu próximo". No entanto, ela não podia ser mais explícita: é preciso amar o próximo exatamente como amamos a nós mesmos. Em outras palavras, se não nos amamos, não podemos amar ninguém.

A psicologia moderna, por sua vez, também validaria essa verdade: para estar vinculados aos outros de maneira justa, precisamos antes de mais nada estar vinculados a nós mesmos de maneira justa; a qualidade de nossa relação com os outros depende intrinsecamente da relação que temos com nós mesmos. Se a relação consigo mesmo é distorcida, haveremos de projetar no outro os problemas que nos pertencem e que não estão resolvidos. Aquele que sistematicamente vê no outro, por exemplo, um invejoso muitas vezes se recusa a reconhecer a frustração recalcada em si mesmo, da qual não tem consciência. O ódio e o desprezo pelo outro muitas vezes decorrem do ódio de si mesmo. Sem autoestima, não podemos estimar os outros; sem respeito próprio, não podemos respeitar os outros. Sem amor-próprio, não podemos amar os outros. O aprendizado da relação consigo mesmo é portanto condição do aprendizado da relação com os outros.

Como aprendemos a nos amar? Primeiro, através do amor que recebemos desde a mais tenra infância. Esse amor recebido de maneira "suficientemente boa" — para retomar a expressão do psicanalista Donald Woods Winnicott

— vai nos dizer, tanto no nível consciente quanto no inconsciente, que somos de fato dignos de ser amados. Vai nos devolver uma imagem positiva, levar-nos a ter estima por nós mesmos, a desenvolver uma boa relação com esse "eu" que o outro nos revela ser amável. Em sentido inverso, ter sido mal amado ou não ter sido amado, e mesmo amado demais, de uma maneira possessiva ou ambígua, gera confusões afetivas, uma distorção da relação consigo mesmo e, em consequência, com os outros. Felizmente, não existe nenhuma fatalidade nesse terreno. Um "amor errado", uma carência afetiva na primeira infância, por mais difícil que seja de ser vivenciada, sempre pode ser consertada através de outras experiências positivas ao longo da vida. Amigos ou um cônjuge amoroso podem nos ajudar a nos reequilibrar, a superar o que poderia constituir um trauma. Mas é raro que graves lacunas afetivas, tendo produzido o que se costuma chamar de "ferida narcísica", uma má imagem de si mesmo, possam ser verdadeiramente curadas sem a ajuda de uma terapia adequada. A vítima de uma ferida narcísica muitas vezes não tem consciência dessa falha, espontaneamente projetando seu desejo em seres parecidos com os que estão na origem de seu sofrimento, seres que vão avivar sua dor. Entramos então num "mecanismo repetitivo" muito bem descrito pela psicanálise, autêntico círculo vicioso do qual só podemos sair por meio de uma conscientização da ferida e de sua causa. É aqui que a ajuda de um terapeuta é essencial, pois é muito difícil efetuar sozinho essa tomada de consciência, muitas vezes dolorosa. Mas alcançar isso não significa que tudo estará resolvido. Afinal, a tomada de consciência, por mais que seja necessária, não é suficiente para a cura. E por sinal é este, em minha opinião, o limite da psicanálise: ela nos ajuda a ver com clareza em nós mesmos e a nos distanciar de nossas emoções, mas não nos cura necessariamente, pois, uma vez conscientes de nossa limitação, resta-nos ainda recuperar a autoestima. Isso pode ocorrer, por exemplo, por meio de certas terapias comportamentais, como a hipnose ericksoniana — de Milton Erickson, psiquiatra americano que na primeira metade do século XX recorreu às técnicas da hipnose e da auto-hipnose para cuidar dos pacientes, ensinando-lhes a descobrir seus próprios recursos interiores e a superar o medo do fracasso gerado pela autoestima baixa. O mesmo se pode dizer da sofrologia ou de outras terapias breves que visam restabelecer a autoestima através do pensamento positivo. Essas terapias podem ser muito úteis, mas a verdade é que uma ferida narcísica muitas vezes só será curada pelo amor; é por meio de uma relação "suficientemente boa" que podemos aprender a nos amar. Mais uma vez, contudo, teremos muitas vezes de realizar um trabalho terapêutico para sermos capazes de viver relações afetivas construtivas, começando por aceitar deixar de lado a máscara que havíamos colocado, na infância, para suportar a dor do "amor errado".

Posso falar tão mais facilmente do tema na medida em que percorri um longo caminho terapêutico para curar feridas interiores profundas. Eu penei para aprender a me amar. Na adolescência e como jovem adulto, eu duvidava muito de mim mesmo. Minha vida afetiva foi afetada por isso durante anos. Paralelamente, levei tempo para encontrar meu caminho e me realizar no plano profissional. Depois de um casamento (seguido de divórcio) e de um longo período no qual reproduzi um script neurótico inconsciente, tomei consciência de minhas falhas, graças à psicanálise e a terapias psicocorporais que me ajudaram a libertar meu corpo e minha memória de emoções negativas perturbadoras. Nesses contextos terapêuticos, realizei uma experiência fundamental de "ternura por mim mesmo". Tomei-me em meus braços, dei a mim mesmo a ternura que me faltara na infância, esse amor-próprio que me fechara até então e que, numa fuga para o exterior, queria proporcionar aos outros, como os moribundos e leprosos aos quais fui me dedicar na Índia durante vários meses. Progressivamente, minha vida social, afetiva e profissional se transformou. Ainda tenho alguns sintomas limitadores, mas aprendi a me amar e a viver com minha fragilidade. Seguindo o exemplo de Montaigne, posso afirmar: "De minha parte, amo a vida", e se quiser fazer o balanço de meus 48 anos de existência, posso dizer que não lamento nada, pois minhas falhas também serviram de trampolim para buscar, progredir, transformar-me, tornar-me mais lúcido, aprender a amar.

O psiquiatra Boris Cyrulnik demonstrou perfeitamente esse processo de "resiliência" pelo qual um ser consegue superar seus traumas e às vezes até desenvolver certas qualidades graças a suas feridas. Um dos exemplos que mais me impressionou é o do abade Pierre. Estive muito próximo dele durante os vinte últimos anos de sua vida, e o ajudei, em particular, a escrever três de seus livros. Henri Grouès (é o seu nome no registro civil) foi ferido na infância pela frieza da mãe, que não sabia expressar sua ternura. Sofreu muito com isso, constantemente buscando o amor e o reconhecimento dos outros. Eu sempre achei que sua vocação para ajudar os pobres, sua aspiração à santidade, a doação de si mesmo que praticava em total entrega decorriam em boa parte dessa ferida narcísica. E por sinal ele guardou até a morte dois sintomas fortes dessa necessidade de amor e reconhecimento: um excessivo apreço pelos meios de comunicação e a necessidade de agradar às mulheres e de suscitar ternura nelas. Ele tinha plena consciência disso, e sua imagem idealizada na opinião pública podia lisonjeá-lo, mas também lhe era pesada. Por isso é que fez questão, pouco antes de morrer, de se entregar a uma confissão pública sobre o rompimento de seu voto de castidade.[8] Ele precisava confessar o que o atormentava interiormente e dizer a todo mundo: não sou um super-homem, carreguei comigo a vida inteira essa falha afetiva e ela foi inclusive um dos motores da minha existência. E por sinal o abade Pierre ficou magoado com as reações de certos religiosos que não entenderam seu gesto: do cardeal Lustiger, que afirmou que ele tinha perdido a cabeça, a do monsenhor Hippolyte Simon, que o considerou um velho senil manipulado por um amigo venal (no caso, eu), passando pela do cardeal André Vingt-Trois, atual presidente da Conferência dos Bispos da França, que declarou não pretender ler o seu livro-confissão "para guardar uma boa imagem dele". Essas reações traduzem não só a dificuldade que certos dirigentes eclesiásticos ainda têm de abordar com franqueza a questão da sexualidade dos sacerdotes, mas também seu mal-estar diante de semelhante confissão pública. Ora, foi justamente por ser um homem público que o abade precisou dizer a todo mundo, antes de morrer, que sua imagem era em parte falsa. Que o homem vivendo por trás do mito era frágil e estava ferido. Que ele amou tanto porque precisava muito de amor. E que desejava agora ser amado pelo que era, e não por sua lenda. Que lição de humanidade! Como você nos faz falta, abade!

1. Pitágoras, *Os versos de ouro*, 12.
2. Aristóteles, *Ética a Nicômaco*, VIII, 1.
3. *Ibid.*, IX, 8.
4. Cícero, *Lélio*, XXI.
5. Montaigne, *Ensaios*, III, 10, 1006-1007.
6. Levítico 19, 34.
7. Mateus 22, 39.
8. Abade Pierre, *Mon Dieu... pourquoi?*, com Frédéric Lenoir, Plon, 2005.

11

A regra de ouro

O respeito por si mesmo, como acabamos de ver, é o primeiro passo para termos o respeito dos outros. Essa verdade é subjacente àquilo que se costuma chamar "a regra de ouro": "Não faça aos outros o que não quer que lhe seja feito." É um dos fundamentos essenciais da vida moral de todas as sociedades humanas, uma espécie de lei natural que antecede todas as formulações filosóficas e religiosas elaboradas ao longo dos séculos. Podendo ser facilmente compreendida por uma criança, a regra de ouro faz parte de nossos métodos educativos, mesmo que não tenhamos consciência disso. Nós a estamos aplicando quando, em vez de dizer a uma criança: "Não puxe os cabelos de sua irmã", invertemos a situação: "Você gostaria que sua irmã lhe puxasse os cabelos? Não! Então não faça isso com ela."

A regra de ouro é formulada em todas as culturas orais e civilizações da palavra escrita: ela é o alicerce universal da moral. Consta na Bíblia, como parte dos conselhos de Tobias ao filho que partia para uma longa e perigosa viagem, de Nínive a Ecbátana, para cobrar uma dívida e receber um pagamento de que precisava muito: "Não faça a ninguém aquilo que não gostaria de sofrer."[1] Hillel, um sábio judeu do início do século I, insistiria: "O que é detestável para você, não o faça ao próximo. É esta toda a Lei, o resto é apenas comentário."² Vamos encontrá-la entre os gregos e os romanos, mas com um limite: dela são excluídos os escravos e os bárbaros, ou seja, os que não são considerados verdadeiramente humanos. Assim é que Aristóteles recomenda comportar-se com os amigos "como gostaríamos que eles se comportassem conosco".³ Mais ou menos na mesma época, Nirocles, rei da cidade de Salamina, em Chipre, de quem chegaram até nós dois discursos, também afirma: "O que o irrita no comportamento dos outros em relação a você, não o faça ao outro."⁴ De sua parte, o latino Sêneca, que foi preceptor de Nero, a reitera aos membros da aristocracia, recomendando-lhes que distribuam seus favores ao povo "da maneira como gostariam de recebê-los".⁵

Jesus retoma a regra de ouro, conferindo-lhe um alcance universal que não comporta exceções: ela já não se aplica apenas aos membros de uma casta, de uma cidade ou de um povo, regendo as relações de todos os seres humanos, independentemente de língua, etnia, sexo e posição social. Em seu Sermão da Montanha, um discurso ético fundamental, ele a apresenta, como faria o rabino Hillel, como "a quintessência da Lei e dos Profetas": "Tudo aquilo que quiserdes que os outros façam por vós, fazei-o também por eles."⁶ Ele desdobra então essa regra numa série de exigências que radicalizam seu alcance ético: "Não julgueis, para não serdes julgados";⁷ "Com a medida que aplicardes aos outros, sereis também medidos."⁸ A regra de ouro também está presente na religião muçulmana. Citarei apenas este *hadith* de Maomé, frase relatada por várias fontes nos textos a ele dedicados: "Ninguém poderá realmente ser considerado um crente enquanto não amar no irmão aquilo que ama em si mesmo."⁹

Vamos encontrar a regra de ouro em todo o mundo oriental. O sábio chinês Confúcio, que teria vivido por volta do século VI antes de nossa era, a transmite da seguinte forma em suas *Entrevistas*, nas quais está transcrito o essencial de seu ensinamento: "Não faças aos outros o que não gostarias que te fizessem."[10] Mais ou menos na mesma época, desta vez na Índia, é o Buda que se exprime nesses termos: "Não fira os outros com aquilo que o faz sofrer."[11] Ela igualmente está presente entre os jainistas, adeptos indianos da não violência absoluta: "O homem deve caminhar de maneira indiferente em relação às coisas terrestres e tratar todas as criaturas deste mundo como gostaria de ser tratado."[12] Vamos encontrá-la várias vezes na epopeia hindu do *Mahabharata*, em que se afirma: "Não devemos nos comportar com os outros de uma maneira que nos repugne. Esse é o cerne de toda moral. Todo o resto resulta de uma avidez interessada."[13]

Como mencionei acima, essa regra é facilmente acessível, mesmo às crianças pequenas, não sendo necessário justificá-la por um raciocínio ou alguma revelação divina. Ela dispensa explicações, podemos entendê-la espontaneamente, e é por isso que se tornou tão universal, constituindo a base natural de toda relação, de toda vida social, de toda lei coletiva. Aplicar a regra de ouro é colocar-se no lugar do outro, que tem os mesmos desejos e as mesmas aversões que nós. Podemos fazê-lo nas relações sociais mais elementares do cotidiano. Não detestamos que alguém nos empurre no metrô? Portanto, deixemos de empurrar os outros passageiros por estarem carregando uma mala ou empurrando um carrinho de bebê. Não desgostamos que mintam para nós? Não mintamos para os outros. Achamos intolerável que alguém passe à nossa frente numa fila de espera? Abstenhamo-nos de fazer o mesmo aos outros, ainda que estejamos com pressa. É de uma simplicidade infantil, mas o fato de ser ou não capaz de fazê-lo muda completamente a vida em comum de uma família ou de uma sociedade.

A regra de ouro pode ser enunciada negativamente, o que é mais frequente, mas também de maneira positiva: "Faça aos outros o que gostaria que lhe fosse feito." Esse enunciado é mais construtivo, não se limita a nos advertir contra o que não devemos fazer, levando-nos a agir. Não é suficiente eximir-se de matar, de causar sofrimento ou de roubar. Tudo começa com as menores atitudes: apreciamos um sorriso? Pois então tratemos de sorrir, em vez de sair por aí com cara de poucos amigos. Ofereçamos aos outros aquilo que gostaríamos que nos oferecessem: atenção, um pouco de escuta ou de reconforto, um apoio moral num contexto difícil. Agindo assim, sentimos às vezes um pequeno clarão de alegria. Em sentido inverso, quando fazemos com alguém o que não desejamos que faça conosco, sentimos muitas vezes remorso ou uma nuvem de tristeza. É o que poderíamos chamar de voz da consciência. Uma criança de 5 anos ou um filósofo de 80 sentirá o mesmo. É a incrível força da regra de ouro.

1. Tobias 4, 15.
2. Hillel, Talmud bab, Shabbat 31.
3. Diógenes Laércio, *Vidas, doutrinas e sentenças de filósofos ilustres*, 5, 21.
4. Nirocles 61.
5. *De Beneficiis,* 2, 1, 1.
6. Mateus 7, 12; Lucas 6, 31.

7. Mateus 7, 1.
8. Mateus 7, 2.
9. Boukhari, Sahih, 2.6.1.
10. Confúcio, *Conversas* XV, 23.
11. Sutta Pitaka, Udanavagga 5, 18.
12. Sutrakritanga I, 11, 33.
13. *Mahabharata*, 114, 8.

12

Amor e amizade

A regra de ouro é essencial para viver em sociedade. Ela faz valer o respeito e a polidez, duas virtudes indispensáveis à vida comum. Entretanto, a vida interior de cada indivíduo não pode se limitar a essa virtude social. Ela não é suficiente para nos tornar felizes, pois aspiramos a relações com o outro baseadas não só no respeito e na benevolência, mas sobretudo no amor e na amizade, sentimentos que desabrocham no mais íntimo do nosso ser. Eles nos levam a estabelecer uma relação livremente escolhida e nutrem nossa alma, pacificam nosso corpo, rejubilam nosso coração.

"Eu não lhes aponto o próximo, mas o amigo", escreve Nietzsche em *Assim falou Zaratustra*. As tradições espirituais e religiosas tendem a ver no amor um sentimento que devemos oferecer incondicionalmente a todos os seres, e não o apego particular que podemos sentir por uma pessoa específica. Ora, a amizade real entre dois indivíduos não é um vínculo pessoal com desconhecidos, com "o outro" indefinido, mas com o amigo que escolhemos e que nos escolhe. Aristóteles é um dos que levaram mais longe a reflexão sobre o que chama de "amizade perfeita", aquela que exige tempo, estabilidade, hábitos e paixões comuns, uma partilha dos prazeres, e que ele considera indispensável à felicidade do ser humano.[1] O amor da amizade, *philia* em grego, escreve ele em sua *Ética a Nicômaco*, constitui "o que é mais necessário para viver. Pois sem amigos ninguém optaria por viver, ainda que dispusesse de todos os outros bens".[2] Esses amigos, insiste, não podem ser em número muito grande, pois cada um deles requer de nossa parte um real investimento. Assim é que ele propõe seja aplicada à amizade uma justa medida: "Não ficar sem amigos nem tampouco com um número excessivo de amigos."[3] O amigo, o verdadeiro, não é aquele com quem encontramos de vez em quando, num jantar, nem um camarada entre outros, com quem possamos nos distrair eventualmente, um simples "companheiro". Quando lhe perguntavam: "Que é um amigo?", ele respondia: "Uma só alma morando em dois corpos",[4] informa Diógenes Laércio, referindo-se a Aristóteles. Essa visão da amizade influenciou a filosofia greco-romana, e vamos encontrá-la novamente, no século I antes de nossa era, em Cícero: "A essência da amizade consiste no fato de vários seres terem uma mesma alma."[5] O amigo, portanto, é uma espécie de "alma gêmea", diríamos hoje, um ser com o qual nos entendemos imediatamente, cuja presença nos faz bem e com quem temos projetos comuns que nutrem nossa relação e a ajudam a crescer. Quando falo de projeto, refiro-me a uma atividade comum intensamente compartilhada. Pode ser uma paixão: o cinema, a música, a prática de um esporte, a literatura, a filosofia; ou mesmo a construção de um lar — voltarei adiante a falar da necessidade de uma amizade subjacente ao amor dos cônjuges. Nós escolhemos esse amigo com quem "olhamos juntos na mesma direção", como tão bem diz Saint-Exupéry em *Terra dos homens*. Ele não nos é imposto, como nossa família; com a maior naturalidade, conferimos-lhe um lugar especial em nossa vida, sua presença ao nosso lado parece uma necessidade. Não temos muito como explicar as razões desse apego, a não ser por uma estranha comunhão de almas. Como dizia Montaigne referindo-se a sua amizade por La Boétie: "Se insistirem para que eu diga por que o amava, sinto que isso só pode ser expresso respondendo: 'Porque era ele, porque era eu'."[6]

Uma dimensão essencial da amizade, explicitada por Aristóteles, é a reciprocidade: com efeito, só existe real amizade se ela for recíproca: nós e o amigo que escolhemos devemos extrair o mesmo prazer de nossa relação, compartilhar realmente emoções e sentimentos, sem que nenhum dos dois se sinta obrigado a cultivar essa relação unicamente para agradar ao outro. Uma amizade vacilante não é uma autêntica amizade, e também é isso que a distingue da regra de ouro, que não implica necessariamente reciprocidade.

Recebemos a família como um legado e escolhemos os amigos. Entretanto, o amigo também pode ser escolhido no seio da família: é o irmão ou a irmã com quem temos um relacionamento especial, privilegiado, a quem gostamos de confidenciar nossas alegrias e tristezas. O amigo também pode ser o companheiro ou cônjuge. Com efeito, não creio que seja possível estabelecer uma autêntica relação amorosa entre dois amantes que não sejam amigos, pois a paixão não dura. O amor passional baseia-se no desejo sexual, em fantasias que projetamos sobre outra pessoa, que não conhecemos realmente. Trata-se muitas vezes de expectativas inconscientes ligadas à relação que tínhamos, na infância, com nossos pais. A paixão nos proporciona uma extraordinária vitalidade, mas se desgasta com o tempo. Um dia o desejo diminui, o real retorna, descobrimos o outro tal como é. Se ele for um amigo, a paixão cede lugar a uma relação igualmente forte, a da "amizade perfeita" louvada por Aristóteles, e que está na própria base do amor real, pois é o encontro com "um outro si mesmo, que tem a função de fornecer aquilo que não podemos nos proporcionar por nós mesmos".[7] O amor de amizade constitui, com efeito, uma dupla experiência de similaridade e complementaridade. Nós nos amamos porque nossas almas se assemelham. E também nos amamos porque o outro nos proporciona o que nos falta e que não podemos dar a nós mesmos.

Minha experiência me permitiu entender a justeza da análise aristoteliana. Tive amizades muito intensas que se desintegraram por falta de cultivo, por falta de tempo compartilhado, por falta de projetos comuns. Outras amizades não puderam desabrochar porque os sentimentos não eram recíprocos: eu amava sem ser realmente amado, ou vice-versa. Também entendi o quanto a amizade era necessária numa relação amorosa. Várias paixões acabaram por se dissolver no conflito ou no tédio, por não se terem enraizado numa verdadeira amizade. No entanto, já na adolescência a leitura de Platão me havia alertado para a ambiguidade do desejo amoroso. Eu devia ter 14 anos quando li *O banquete*, no qual Sócrates conversa com Aristófanes sobre o amor, explicando-lhe: "Aquilo que não temos, aquilo que não somos, aquilo que nos falta: eis os objetos do desejo e do amor."[8] Sócrates explica o caráter ambivalente do amor, cujos mistérios lhe foram revelados por uma mulher, Diotima. O amor, *eros*, diz ele, é um desejo poderoso, um *daimon*, que pode levar tanto ao melhor quanto ao pior. Em estado bruto e não educado, pode levar inclusive ao crime. Quantos estupros e assassinatos não decorrem de uma paixão amorosa devoradora ou não controlada! Em compensação, esse mesmo amor pode levar a alma ao melhor: a contemplação divina. A alma, explica Sócrates, apega-se antes de mais nada ao encanto de um corpo. Ele próprio não escondia sua admiração pela perfeição dos efebos que o cercavam e que, apesar de sua feiura, sentiam-se seduzidos por ele. De um determinado corpo, a alma estende em seguida seu amor a todos os belos corpos, e depois descobre uma harmonia superior, a das almas, apegando-se a ela. Elevando-se ainda mais, ela se apega à beleza da virtude, das ciências e, afinal, ao cabo desse longo percurso iniciático, ao Bem e ao Belo supremos, que são de essência divina e os únicos que podem nos preencher plenamente. "Se um dia chegares a essa contemplação, verás que essa beleza não tem comparação com o ouro, as vestimentas, as belas crianças e os belos adolescentes cuja visão atualmente te perturba", explica-lhe Diotima. "Estás pronto para te privar de comer e de beber para contemplar teus bem-amados e desfrutar de sua presença. Nesse sentido, que sentimentos poderia ter um homem que conseguisse contemplar a beleza em si, simples, pura, incontrastável (...), aquela que é divina na unicidade de sua forma?"[9]

Para Sócrates, portanto, existe uma escala do amor, essa força irracional que se apodera de nós, partindo dos elementos mais materiais para chegar a uma outra substância louvada pelos místicos de todas as tradições espirituais: Deus ou o divino inefável. "Quando amar, não diga: 'Deus está no meu coração.' Diga, antes: 'Eu estou no coração de Deus'",[10] diz o profeta Khalil Gibran à adivinha al-Mitra, conversando com ela sobre o amor.

Chegamos aqui a uma concepção do amor diferente do amor de amizade de Aristóteles. Em sua expressão máxima, o *eros* leva à contemplação, considerada pela maioria dos filósofos gregos como a atividade humana mais nobre e capaz de proporcionar a maior felicidade. O homem que conhece o estado de contemplação se enche de amor, seu coração não parece mais ter limites. Já mencionei aqui certas experiências interiores que vivenciei na natureza e que me proporcionaram um estado de alegria, o sentimento de ser um com o cosmos. Pude entender nesses momentos de que maneira a percepção da individualidade se apaga em proveito de uma comunhão amorosa com o Todo. Nunca tive vontade de qualificar essas experiências como "religiosas", pois não me remetiam conscientemente a nenhuma figura ou símbolo transmitidos por uma cultura religiosa. Entretanto, todas as tradições espirituais mencionam essas experiências que permitem ao indivíduo sair dos limites do seu "eu" para se unir a algo que o transcende totalmente, deixando-o num estado de alegria e amor. No fim das contas, pouco importa o nome que damos a essa transcendência, segundo as culturas e tradições: natureza, cosmos, Deus, o divino, o Absoluto, o Todo, o Tao.

Essa experiência revela outra dimensão do amor: uma doação totalmente gratuita que nada espera em troca. Esse amor-doação é designado no Novo Testamento pela palavra grega *agapé*. Para os autores, Paulo e os quatro evangelistas, principalmente, trata-se aqui de descrever o amor gratuito que Deus tem pelos homens e o mesmo amor desinteressado que ele exige que os homens tenham uns pelos outros. Esse amor se assemelha à amizade dos filósofos na medida em que implica doação de si e desejo da felicidade do outro. Mas se distingue dela de duas maneiras: não exige reciprocidade e não se focaliza numa pessoa particularmente, mas no próximo em geral e mesmo no mundo como um todo. Nisso se assemelha à regra de ouro, com a ressalva de que, enquanto esta é um princípio moral no qual a dimensão afetiva não está presente ou só muito pouco, o *agapé* é um verdadeiro amor que mobiliza todo o ser. Amamos o outro de todo o coração. É desse amor que fala Jesus quando diz aos apóstolos, na véspera de sua morte: "Assim como os amei, amai-vos também uns aos outros. O que mostrará a todos os homens que sois meus discípulos é o amor que tereis uns pelos outros."[11] Vamos encontrar na tradição budista esse conceito de amor incondicional estendido a todos os seres vivos: *karuna*, a grande compaixão ativa. Ao contrário da simples compaixão (*maitri*), espécie de benevolência que se assemelha à regra de ouro (respeitar todo ser vivo), o conceito de grande compaixão se desenvolveu no budismo ao longo dos séculos até se transformar na virtude cardeal do Grande Veículo (*Mahayana*). Ela se assemelha ao amor crístico, pois também exorta a doar a própria vida pelos outros e a renunciar ao gozo da liberação suprema, o *nirvana*, para continuar ajudando os que sofrem aprisionados no ciclo incessante dos renascimentos, o *samsara,* e assim conduzi-los à Libertação.

Encontrei esse amor em pessoas como Madre Teresa, o abade Pierre e o Dalai Lama. Apesar de traços de caráter muito diferentes, os três me impressionaram pela extrema atenção que dedicavam ao outro, qualquer que fosse, rico ou pobre, e pela implacável determinação de aliviar o sofrimento de todos que deles se aproximavam. Dentro de minhas humildes possibilidades, vivi uma experiência muito forte num leprosário e num hospital mantidos na Índia pelas irmãs de Madre Teresa. Já expliquei que esse desejo de dedicar vários meses de minha vida aos mais pobres certamente era motivado em nível inconsciente por minhas próprias feridas, que me tornavam particularmente sensível ao sofrimento dos outros. Mas essa experiência me permitiu perceber o quanto o fato de cuidar de pessoas em grande sofrimento preenche o coração daquele que se doa. Foi então que não só entendi como também vivenciei esta palavra de Jesus, relatada por Paulo: "Há mais alegria em dar do que em receber."[12] Foi esta a maravilhosa intuição do abade Pierre ao fundar a comunidade Emaús: contribuir para o reerguimento de criaturas arrasadas, através de cuidados com criaturas ainda mais arrasadas. Todos conhecemos essa frase que ficou famosa, verdadeiro ato fundador de Emaús, dita pelo abade Pierre a Georges, um antigo condenado que perdera qualquer razão de viver e queria se matar: "Em vez de morrer, venha me ajudar a ajudar."

Se muitos espiritualistas falam desse amor/doação, raros são os filósofos que tentam analisá-lo ou encontrar nele fundamentos racionais. Entre estes, citarei o filósofo e talmudista Emmanuel Levinas. Este homem excepcional, tanto por suas qualidades humanas quanto pela profundidade do seu pensamento, foi meu professor de filosofia na Universidade de Friburgo. Também marcou meu itinerário intelectual, sobretudo com sua contribuição extremamente original à ética, através do conceito de rosto: a alteridade se desvenda pelo rosto. O despojamento e a vulnerabilidade de um rosto nos tornam responsáveis pelo outro.[13] Num trabalho sobre a ética que publiquei alguns anos antes de sua morte, ele me entregou um belíssimo texto que resume o essencial de seu pensamento sobre o amor/doação e a responsabilidade em relação ao outro. Ele o conclui assim: "É essa quebra da indiferença, a possibilidade do *um-pelo-outro*, o acontecimento ético. Na existência humana interrompendo e superando seu esforço de ser, a vocação de um existir para o outro mais forte que a morte: a aventura existencial do próximo importa para o eu mais que a sua própria, situando o eu desde logo como responsável pelo outro. Responsável, vale dizer, como único e eleito, como um eu que não é mais qualquer indivíduo do gênero humano. É como se o surgimento do humano na economia do ser invertesse o sentido, o enredo e o status filosófico da ontologia: o em-si do ser persistindo-em-ser se supera na gratuidade do *fora-de-si--pelo-outro*, no sacrifício ou na possibilidade do sacrifício, na perspectiva da santidade."[14]

1. Aristóteles, *Ética a Nicômaco*, 9, 9.
2. *Ibid.*, 8, 1.
3. *Ibid.*, 9, 10.
4. Diógenes Laércio, *Vidas, doutrinas e sentenças de filósofos ilustres*, V, 20.
5. Cícero, *Lélio* XXV.
6. Montaigne, *Ensaios*, I, 28.
7. Aristóteles, *Ética a Nicômaco*, 9, 9.
8. Platão, *O banquete*, 200e.
9. *Ibid.*, 211d-e.
10. Gibran Khalil Gibran, *O profeta*, capítulo 2 ("Do Amor").
11. João 13, 34-35.
12. Atos dos Apóstolos 20, 35.
13. Ver seus livros *Totalidade e infinito* e *Ética e infinito*.
14. *In* Frédéric Lenoir, *Le Temps de la responsabilité*, Fayard, 1989, p. 244-245.

13

Não violência e perdão

Cada vez mais nos defrontamos, infelizmente, com atos de agressividade e mesmo de violência, física ou verbal: um insulto recebido, um assédio moral no escritório, uma palavra ofensiva na rua ou no metrô, um empurrão ou até mesmo uma mão que se levanta para nos ameaçar. Em certos casos vivemos isso desde a infância: diante dos nossos pais ou de adultos em posição de autoridade e que dela abusavam, tínhamos dificuldade de reagir. Em compensação, no convívio com outras crianças no pátio da escola, nossa reação muitas vezes consistia em reagir às pancadas com outras pancadas, aos insultos com insultos, à violência com violência. É uma reação natural: diante de um ataque, é normal defender-se. Da mesma maneira como o nosso corpo, diante da invasão de um corpo estranho, desenvolve espontaneamente seu sistema de defesa imunológico. Os linfócitos vão reagir, expulsando os vírus intrusos e matando os parasitas que se introduziram em nós. Diante de um ataque, nós reagimos de maneira semelhante: nossa "defesa imunológica", o escudo de proteção imediata, consiste em aplicar a lei de talião. Esse "olho por olho, dente por dente" foi registrado por escrito pela primeira vez, no século XVIII antes de nossa era, no código de Hamurábi, rei da Babilônia, que autorizava seus cidadãos a se vingar de uma perda ou de um prejuízo em proporções justas, devolvendo da mesma forma o golpe que lhe havia sido direcionado. Essa lei se destinava a lutar contra uma escalada descontrolada de violência.

A lei de talião é mencionada três vezes na Torá, vale dizer, nos cinco primeiros livros da Bíblia: "Se sobrevier a desgraça, pagarás vida por vida, olho por olho, dente por dente, mão por mão, pé por pé, queimadura por queimadura, ferimento por ferimento, equimose por equimose" (Êxodo 21, 23-25). "Teu olho não terá piedade: vida por vida, olho por olho, dente por dente, mão por mão, pé por pé" (Deuteronômio 19, 21). "Se alguém derramar o sangue do homem, pelo homem seu sangue será derramado" (Gênesis 9, 6). Esta menção recorrente vem no entanto a ser contestada em outros versículos, que exortam à superação da violência e ao perdão: "Não te vingarás nem guardarás rancor, mas amarás o teu próximo como a ti mesmo. Eu sou o Eterno" (Levítico 19, 18).

Assim como a Bíblia se mostra ambivalente nessa questão (como, aliás, o Corão), assim também a recusa categórica da violência está no próprio cerne do ensinamento do Buda, que exorta a não mais responder à violência pela violência, a nutrir respeito e compaixão por todo ser vivo. Falando ao discípulo Phagguna, ensina o Buda: "Ainda que te batam com a mão, com um bastão ou uma faca, teu estado de espírito não deve mudar, não terás maus pensamentos, responderás com compaixão e amor e sem nenhuma cólera."[1] Mensagem semelhante à transmitida por Jesus, que recusa totalmente a lei de talião: "Ouvistes o que foi dito: 'olho por olho, dente por dente'. Eu, porém, vos digo: não resistais ao perverso. Pelo contrário, se alguém te bater na face direita, dá-lhe também a outra. Àquele que pretender levar-te diante do juiz para te tomar a túnica, entrega-lhe também o manto. Se alguém te obrigar a andar uma milha, vai com ele duas."² Jesus chega a preconizar o amor aos inimigos, o que é humanamente ainda mais difícil: "A vós que me escutais eu digo, amai vossos inimigos, fazei o bem àqueles que vos odeiam, abençoai os que vos amaldiçoam, orai por aqueles que vos difamam."³ E, passando da palavra aos atos, Jesus perdoa na cruz aqueles que o martirizaram e insultaram.

Perdão e não violência estão estreitamente ligados. Não falo aqui da fuga nem da atitude de prudência que nos leva a deixar de reagir a um ataque quando a relação de forças nos é desfavorável. Nesse caso, o ódio ou o ressentimento permanece em nosso coração, e uma vez invertida a relação de forças, apressamo-nos a impor ao outro aquilo que ele nos havia imposto. Não se trata propriamente, portanto, de uma atitude não violenta, pois continua sendo puramente exterior e estratégica. A verdadeira ética da não violência atende a uma exigência interior que se chama perdão, como ensinaram os grandes apóstolos da não violência. Gandhi valeu-se dela como única estratégia possível para emancipar a Índia do império colonial inglês, e sua aposta deu certo. Mas ele explicou a seus compatriotas que não deviam se limitar a essa vitória política: todo ódio aos colonizadores e às outras comunidades religiosas deveria desaparecer para que a Índia enfrentasse o desafio de sua emancipação. Nelson Mandela, depois de chegar ao poder na África do Sul, declarou várias vezes que havia perdoado os que o tinham mantido por 27 anos numa minúscula masmorra, pedindo a todos os cidadãos negros que perdoassem os brancos, para poderem reaprender a viver juntos.

É importante frisar, contudo, que o perdão é um ato não racional. A racionalidade situa-se no campo da justiça, que é a reparação da injustiça sofrida. Como explica o filósofo

Jankélévitch em sua obra *Le pardon* (*O perdão*), na qual o qualifica, depois dos campos da morte, como "sobre-humana impossibilidade", o perdão é "um horizonte inacessível" do qual no entanto precisamos nos aproximar. Eu diria que é um ato racionalmente destituído de sentido, tanto mais quando se trata de perdoar uma pessoa que não tem vontade de ser perdoada ou que não reconhece seus erros. E no entanto é a única atitude "curadora", não só para ficarmos em paz com nós mesmos mas também para sairmos de um conflito. "Sem o perdão, ficaríamos prisioneiros de nossos atos e de suas consequências", afirmava Hanna Arendt. O perdão não é racional nem justo, mas nos proporciona alegria e serenidade e é a condição necessária da extinção da violência. Perdoar não é esquecer. É conseguir amenizar a ferida causada por outro, em contexto e ambiente específicos, e tudo fazer para que a situação que originou a ferida não se repita. É sempre uma escolha profunda, pessoal, um ato do coração, um ato espiritual, às vezes inexplicável e não destituído de uma certa dimensão mística. Por seu caráter quase sobre-humano, todas as religiões o consideram como o ponto máximo da espiritualidade, e muito poucos filósofos, mesmo quando o preconizam, foram capazes de encontrar uma explicação puramente lógica para justificá-lo.

Eu ainda era jovem quando li os textos de Gandhi e descobri o princípio que orientou toda a sua ação política, levando à independência da Índia: o *ahimsha*, que significa abstenção de todo desejo de violência, baseada na força da verdade e do "amor puro". Posteriormente, interessei-me de perto pelo destino do povo tibetano e fiquei impressionado com a constância do Dalai Lama na recusa de toda e qualquer ação violenta contra a China, embora seu país estivesse submetido a uma repressão sangrenta há mais de sessenta anos, em completo isolamento político-internacional. Diante da ausência de resultados tangíveis, diante do sofrimento de seu povo, do fato de as autoridades chinesas o estarem constantemente demonizando, embora ele não se cansasse de lhes estender a mão e de fazer importantes concessões, muitas vezes me perguntei se sua escolha era a melhor. Essa dúvida também persegue muitos jovens tibetanos, tentados pela possibilidade de atos violentos contra a China. O fracasso do Dalai Lama decorre essencialmente do fato de a China, ao contrário da Grã-Bretanha, que teve de enfrentar Gandhi, não ser uma democracia. Se a Inglaterra fosse uma ditadura, é provável que tivesse esmagado a rebelião de maneira sangrenta. Muito diferente acontece com a China comunista, que preferiria massacrar até o último dos tibetanos a abandonar um território no qual estão em jogo importantes questões militares e econômicas. Apesar disso, hoje estou convencido de que a escolha do Dalai Lama é a melhor. Não só por razões espirituais, já que o líder tibetano lembra que a recusa da violência está no cerne da mensagem budista, mas também por razões políticas. As autoridades chinesas esperam que os tibetanos cometam atos terroristas para justificar uma repressão mais terrível ainda e para legitimar a tirania que exercem sobre esse povo. Não só esses atos de resistência violenta seriam irrisórios frente ao poderio militar chinês, como dilapidariam em poucos dias o imenso capital de simpatia gerado pela atitude pacifista do líder tibetano, atitude que lhe valeu o Prêmio Nobel da Paz em 1989. Esse apoio da opinião pública mundial talvez venha a ser, um dia, a chave de uma mudança de política do governo chinês.

Acredito que os combates não violentos e os testemunhos heroicos de perdão sempre são eficazes a longo prazo, pois contribuem para fazer avançar a consciência da humanidade inteira, mesmo havendo os fracassos imediatos ou o fim não raro trágico dos artesãos da paz. Sócrates e Jesus foram mortos. Mais perto de nós, Gandhi, Martin Luther King e Yitzhak Rabin pagaram com a vida suas opções pacifistas. No entanto, seu testemunho marcou profundamente nossas consciências, fazendo-as evoluir para um bem superior, um desejo de bondade e fraternidade. Afinal, se o mal é contagioso, o bem também o é, e talvez de uma maneira ainda mais forte.

Todos nós ficamos comovidos com o depoimento do Dr. Ezzeddine Abu al-Aish, o militante pacifista palestino entrevistado ao vivo em Gaza, em janeiro de 2009, pela televisão israelense, quando um tiro de canhão disparado contra sua casa matou, diante de seus olhos, suas três filhas e uma de suas sobrinhas. Algumas horas depois, falando no hospital, ele diria, com lágrimas nos olhos, à televisão israelense: "Não existe nenhuma diferença entre israelenses e palestinos, nós podemos viver juntos. Em paz."

Esses atos heroicos podem nos servir de modelo em nosso cotidiano, para não reagir a alguma agressão física ou verbal. Nosso interlocutor, esperando uma resposta de acordo com a lei de talião, ficará inicialmente surpreso. Eximindo-nos de entrar nessa relação de força, nós o desestabilizamos. Acontece às vezes de eu ser agredido verbalmente em conferências ou em debates públicos. Eu sempre me recuso a responder no mesmo tom polêmico, a entrar na relação de força, a tentar ridicularizar aquele que me questiona, o que é perfeitamente fácil quando o público nos é favorável. Muitas vezes o efeito é que o interlocutor abandona sua atitude de agressividade. Em outras ocasiões, diante da animosidade recorrente, eu me obriguei a não tentar me vingar. Gostaria de relatar aqui uma pequena anedota ligada a minha vida profissional, que mostra de que maneira uma situação penosa de rivalidade, que quase todos nós enfrentamos, pode ser radicalmente transformada num simples gesto. Um colega na universidade passou dez anos falando mal de mim em público, chegando a me apresentar anualmente a seus alunos como um caso exemplar de incompetência! Eu não entendia essa atitude e me limitava a evitar responder-lhe, numa espécie de distância algo desdenhosa. Até que um dia descobri um excelente livro escrito por esse mesmo colega e decidi publicar uma resenha positiva no jornal que dirijo. Minha colaboradora que cuidava das páginas de cultura do jornal fez de tudo para me dissuadir, argumentando com todo o mal que ele dizia a meu respeito. "Justamente, é porque ele não para de me criticar que vamos falar de maneira muito positiva do seu livro", respondi-lhe, para sua grande surpresa. Após esse gesto, esse professor marcou um encontro comigo e me explicou que ficara com muita raiva de mim por eu ter criticado em um livro a tese de uma de suas obras. Na época, eu não me havia dado conta da virulência da minha crítica, e pude então entender seu ressentimento. Pedimos perdão um ao outro e nos tornamos desde então excelentes amigos.

Esse é um pequeno exemplo do cotidiano, mas ele é importantes, pois se o perdão e a não violência não começarem nas relações com nossos próximos, jamais poderão se estender ao mundo inteiro. De que vale criticar a cegueira dos beligerantes nos conflitos internacionais se nós mesmos não somos capazes de superar nossos medos e ressentimentos, de perdoar os que nos feriram?

Quando permanecemos, apesar de tudo, magoados por uma ferida, métodos espirituais podem nos ajudar a dissipar nosso ódio ou nossa raiva. A prece pode ajudar nesse sentido aqueles que acreditam, e eu sempre fico surpreso ao ouvir discursos de ódio, vingança ou morte pronunciados por pessoas que se dizem religiosas: não será então que a religião lhes serve de álibi para suas convicções políticas? Uma palavra de Cristo me ajudou pessoalmente a aprender a perdoar. No momento em que está na cruz, injustamente humilhado e torturado, à espera da morte, ele se dirige assim a Deus: "Pai, perdoai-os, pois não sabem o que fazem."[4] Ele roga a Deus por seus carrascos, invocando sua ignorância. Saber que aquele que nos feriu não tem consciência de seu ato, que talvez seja decorrência de uma pulsão, de um instinto, de medo ou por influência de um discurso de propaganda, pode nos ajudar muito. Muitas vezes, aquele que nos agride está também em sofrimento. Entendê-lo nos ajuda a perdoar. Gostei muito de um desenho animado lançado no cinema em 1998: *Kirikou et la sorcière* [Kirikou e a feiticeira]. A história se passa no Oeste africano, onde uma aldeia é vítima da maldição de uma bruxa, Karaba, que impõe o reinado do terror, ressecando os rios e sequestrando todos os homens. O pequeno Kirikou quer entender por que a feiticeira é tão má, e descobre que é porque ela sofre: desde a infância tem as costas martirizadas por um espinho. Ele retira o espinho e ao mesmo tempo a livra da maldade. Destinado às crianças, o desenho animado transmite uma mensagem profunda: diante de um "malvado", devemos, antes de tudo, nos perguntar o que é que o faz sofrer, tentar entender o que poderia estar na origem de sua agressividade. Entendendo, podemos perdoar com mais facilidade.

    Existe no budismo tibetano uma técnica de visualização que pode ajudar qualquer pessoa, mesmo não sendo religiosa, a sair do ódio, da raiva ou do espírito de vingança. Como ela é simples e eficaz, gostaria de descrever aqui seus fundamentos. O exercício de visualização transcorre numa sucessão de sequências. Inspirando profundamente, "vemos" a pessoa que nos perturba envolta na escuridão. Ao expirar, "enviamos-lhe" luz e a "vemos" cercada de um halo cada vez mais claro, cada vez mais positivo. Depois de algumas sessões, percebemos que sentimos muito menos agressividade em relação a ela. Muitas vezes chegamos a eliminar toda e qualquer animosidade, e mesmo a querer-lhe bem, pois sentimos através do exercício, encarnando-o na respiração, no corpo, que essa pessoa está na ignorância, que é infeliz, que sofre. A raiva então cede lugar progressivamente à compaixão.

Como mencionei antes, mediante um trabalho de introspecção, aprendendo a me conhecer, descobri a compaixão em relação a mim mesmo e aos outros. Entendi que todos somos capazes do pior, não por sermos visceralmente maus, mas porque somos frágeis, feridos, frustrados. Temos expectativas a que o outro não atende: vamos então provocá-lo até que ele reaja, vamos fazer-lhe mal porque nos sentimos mal. Uma vez que tenhamos admitido a falha em nós, não podemos mais ter julgamentos definitivos sobre os outros, passamos a adotar uma atitude de compreensão que não significa, entendamos bem, uma autorização para as agressões, mas o domínio de nossa própria violência em reação à violência. Nossa hostilidade se transforma em compaixão, deixa de ser esse sentimento negativo que nos devora por dentro e nos deixa infelizes. Tomando consciência de nossa intrínseca ambiguidade, de nossa complexidade, tornamo-nos necessariamente mais tolerantes.

Pessoalmente, toda vez que reagi à violência com generosidade, toda vez que superei a vingança, senti em mim a alegria de ter resistido a um ato instintivo para entrar numa humanidade profunda. Em sentido inverso, quando cedi ao desejo de vingança, quando respondi à agressão com agressão e ao insulto com insulto (o que me acontece quando estou dirigindo o carro!), senti remorso e tristeza. Agindo assim, sinto que me faço cúmplice do mal que corrói este mundo desde as origens: a violência mimética, perfeitamente analisada pelo filósofo René Girard, que arrasta a humanidade por um caminho de destruição sem saída. Aprendamos portanto a lhe opor a força do amor e do perdão: é o ato de resistência mais corajoso, mais exigente e mais salutar que existe.

1. Majjhima Nikaaya, 21, 6.
2. Mateus 5, 38-42.
3. Lucas 6, 27.
4. Lucas 23, 34.

14

Partilha

A não violência consistiria apenas em se abster de agredir o outro ou em não reagir a seu ataque? Essa concepção passiva já é essencial, como acabamos de ver, mas acredito que devemos ir mais longe e militar por uma não violência ativa, que implica não só abstenção de violência, mas também iniciativas com o objetivo de contribuir para criar condições para uma sociedade harmoniosa e para relações humanas justas e solidárias. Nesse sentido, ser não violento significa aprender a compartilhar.

Uma das grandes ameaças que pesam sobre nossas sociedades é a repartição muito desigual das riquezas. Para formular de maneira mais simples: os pobres ficam cada vez mais pobres, e os ricos, cada vez mais ricos. Ora, o aumento das desigualdades, que não deixa de ser inerente ao modelo econômico liberal de nossas sociedades, gera violência. Depois da desastrosa experiência comunista, no entanto, sabemos que esse sistema é o menos ruim de todos. Todavia, quando sai dos trilhos, o que está acontecendo atualmente, esse modelo gera um monstro. Quando indivíduos riquíssimos se valem de meios inimagináveis para evitar a redistribuição de suas riquezas, exilando-se onde possam pagar menos impostos e protegendo sua fortuna nos paraísos fiscais, é que ultrapassamos o limiar de alerta. E como poderia ser de outra forma se aqueles que ganham salário mínimo ou estão desempregados e não conseguem pagar suas contas veem que milhares de euros estão sendo assim escondidos, por não haver partilha? Quando se dão conta diariamente de que capitães da indústria e acionistas continuam a enriquecer por todos os meios, exilando não só seus capitais como também suas fábricas, com o risco de desequilibrar totalmente a infraestrutura social, em detrimento daqueles que continuam a empobrecer? O que pode ser constatado no nível de nossas sociedades o é também no do planeta, no qual a desigualdade na repartição das riquezas entre o Norte e o Sul está constantemente aumentando. Nos próprios países do Sul o modelo das sociedades tradicionais desapareceu, cedendo lugar a desigualdades ainda mais gritantes que no Norte, entre classes que no poder monopolizam todos os bens enquanto há cidadãos reduzidos à pobreza mais extrema. Ora, com a televisão por satélite, essas pessoas sabem que não longe delas outros países vivem na opulência e assim tentam transferir-se para eles, não raro com risco de vida. Será que chegaremos um dia a resistir aos fluxos migratórios do Sul com o acionamento das metralhadoras do Norte?

Não se trata apenas de problemas de sociedade, mas de uma questão que se coloca a cada um de nós, pois se os Estados podem se unir para tentar regulamentar certos excessos do sistema financeiro para lutar contra o flagelo dos paraísos fiscais, sua margem de manobra é limitada pelo sistema liberal, que preserva a liberdade de iniciativa. Desse modo, a resposta virá sobretudo daqueles que se recusarem a entrar na lógica egoísta do cada um por si. Se os ricos e os muito ricos aceitassem a lógica da partilha, muitos aspectos mudariam no planeta.

Essa é a mensagem dos sábios e dos espiritualizados da humanidade, que nunca condenaram a riqueza, mas a recusa da partilha. "Aquele que tem o necessário para viver neste mundo, se vê seu irmão passando necessidades sem se enternecer, como poderia morar nele o amor de Deus?",[1] pergunta o apóstolo João em magnífica carta escrita no fim de sua vida. "Meus filhos, nós devemos amar, não com palavras e discursos, mas por atos e em verdade", prossegue ele. O Buda quis que seus monges vivessem de maneira extremamente frugal, daquilo que lhes era oferecido pelos laicos. A estes, ele pede que compartilhem e usem suas riquezas com comedimento, em plena consciência do caráter transitório dos bens materiais. Jesus também faz da partilha e da caridade um de seus mandamentos. "Dá àquele que te pede",[2] diz, fazendo esta advertência: "Quando deres uma esmola, não o anuncie com trombetas (...). Que tua mão esquerda ignore o que faz a direita, para que tua esmola permaneça em segredo. Teu Pai vê o que fazes em segredo: ele te recompensará."[3] Sua insistência na prática da partilha e da caridade é de tal ordem que ela haveria de se tornar um dos principais sinais distintivos dos primeiros cristãos, que compartilhavam todos os seus bens. Esse ato, insiste Jesus, é dever de todos, tanto dos ricos como dos pobres: cada um deve dar segundo suas possibilidades. E ele ilustra esta exortação com um exemplo, o de uma mulher pobre que deposita suas duas últimas moedas no cofre das ofertas do Templo onde os ricos deixam grandes somas: "Essa pobre viúva depositou no cofre das ofertas mais que todo mundo. Pois todos tiraram do seu supérfluo, mas ela tirou de sua indigência. Ela deu tudo, tudo que tinha para viver."[4] A doação, ou *zakat*, é também um dos pilares do islã. A tradição muçulmana comentou longamente essa obrigação religiosa destinada a assegurar a partilha das riquezas, muito embora não seja este seu único objetivo. De fato, o islamismo considera que aquele que doa será recompensado por Deus. Assim, a abundância de bens de que desfrutava o profeta Maomé no fim da vida é considerada um dom de Deus, uma retribuição de graças para aquele que doou. Uma das expressões de agradecimento consagradas na língua árabe diz: "Deus lhe retribuirá." Vamos encontrar novamente essa ideia, em outro contexto, na belíssima oração de São Francisco de Assis, que assim se dirige a Deus: "Fazei com que eu não busque tanto ser consolado, mas consolar; ser compreendido, mas compreender; ser amado, mas amar. Pois é dando que recebemos. É esquecendo de nós mesmos que nos encontramos."

Não se pede aos ricos que deem todo o seu dinheiro aos pobres, mas apenas o supérfluo. O que lhes é pedido é que não entrem numa lógica de aquisição sem fim, que não trará paz social nem felicidade individual. Essa ideologia consumista, essa lógica do ter que afeta tantos indivíduos, ricos ou pobres, convencidos de que a felicidade decorrerá do consumo e do acúmulo de bens materiais, corrói nosso mundo atual. Ora, se um mínimo de dinheiro e de conforto é útil, é importante também sair da lógica do "sempre mais" que se transformou em nossa palavra de ordem. Afinal, a busca material é por natureza insaciável: ela nos leva a querer possuir sempre mais, em detrimento do equilíbrio social e ecológico do planeta. Isso é nocivo ao bem comum, que exige moderação e partilha do supérfluo, mas também a nossa própria felicidade individual, que, ao contrário das mentiras da publicidade, não decorre do dinheiro e dos bens materiais. Para ser feliz, é necessário desenvolver qualidades que não tenham a ver com a lógica do ter, mas com a do ser. Por isso é que os sábios mais espiritualizados da humanidade voluntariamente se limitaram à aquisição de bens materiais, fazendo às vezes uma opção de radical despojamento.

Sócrates, por exemplo, decidira viver numa certa pobreza e não cobrar por seus ensinamentos, ao passo que os sofistas de sua época cobravam caro pelas lições que transmitiam à juventude dourada de Atenas. Dois autores seus contemporâneos, Êupolis e Aristófanes, zombaram dele em suas comédias, chamando-o de mendigo, de pedinte, de maltrapilho. Xenofonte, que foi seu aluno, atribui a um de seus personagens, Antífono, a seguinte fala: "Nenhum escravo permaneceria na casa do seu senhor se nela fosse tão pobre quanto você."[5] Entretanto, Sócrates insistia em recusar qualquer salário e em exercer gratuitamente seu talento. Contudo, nem por isso preconizava o ascetismo nem as autoflagelações, e sim, à maneira do Buda, "a temperança, essa virtude que consiste em não ser escravo dos próprios desejos, mas em se colocar acima deles, vivendo com moderação".[6] Sócrates não seria o único filósofo da Grécia antiga a usar essa linguagem. Em Atenas, pelo fim do século III, Epicuro inaugurou sua escola num jardim por ele mesmo cultivado, considerando que a autossuficiência é uma garantia de liberdade. Ele propunha uma busca do prazer, mas não buscava o prazer a qualquer preço, como daria a entender o significado moderno da palavra "epicurista". Pelo contrário, preconizava um ascetismo moderado e uma vida sóbria, satisfazendo sem excessos os desejos "naturais e necessários", como a fome, o frio ou a sede, e se afastando, à maneira budista, de tudo que pudesse causar sofrimento. Em sua brevíssima carta a Meneceu, uma pequena joia em que resume o essencial de sua doutrina, Epicuro explica o que significa para ele "vida feliz", aquela em que não sofremos e em que nossa alma não se vê perturbada: "Assim, quando dizemos que o prazer é nosso objetivo último, não nos referimos aos prazeres dos dissolutos nem aos que dizem respeito ao prazer material." E ele insiste mais adiante: "Não são as bebedeiras nem as constantes orgias, os prazeres dos jovens rapazes e das mulheres, os peixes e outros pratos oferecidos numa mesa opulenta que geram uma vida feliz, mas a razão vigilante, que busca minuciosamente os motivos do que devemos escolher e do que devemos evitar." Como todos os sábios da Antiguidade, Epicuro associa portanto a felicidade a uma vida virtuosa: "Não podemos ser felizes sem ser sábios, honestos e justos. As virtudes, com efeito, são o mesmo que a vida feliz, e esta é inseparável delas."

É fundamental tomar consciência de que a verdadeira felicidade não é uma questão de posses: podemos ser felizes com pouco. Em minha vida, atravessei diferentes fases. Conheci a pobreza quando me retirei durante alguns anos numa comunidade religiosa. Antes de tomar essa iniciativa, distribuíra todos os meus bens, até meus discos e livros, apesar de muito afeiçoado a eles. Eu não possuía mais nada, mas nesse total despojamento fui livre e feliz. Posteriormente, tive na vida períodos difíceis do ponto de vista material. Vivia em Paris com uma renda pequena e soube apreciar a ajuda eventual dos meus pais ou de amigos, que me permitiram sair das dificuldades passageiras e não precisar, por exemplo, deixar o apartamento que alugava. Hoje, ganho bem a vida. Esse conforto material não me torna mais nem menos feliz que no passado. Permite-me ser totalmente livre em minhas escolhas profissionais e viver de maneira confortável, em um ambiente propício à reflexão e à escrita. Os sinais exteriores de riqueza me deixam totalmente indiferente.

Hoje, como naquela época, minha felicidade está relacionada a algo muito diferente dos bens materiais: é a felicidade de me realizar e de viver em relação harmoniosa com os outros; de ter a liberdade de pensar e de escrever todas as manhãs, ouvindo Bach sob o olhar intrigado de meu gato negro, ronronando ao meu lado. A felicidade de relaxar num passeio na floresta ou num treinamento de futebol com um bando de amigos alegres. Como diz Diógenes com tanta propriedade: "As coisas necessárias custam pouco, as coisas supérfluas custam caro."

Uma boa parte da minha renda se vai em impostos, e tanto melhor que seja assim. Embora possa ficar às vezes irritado com o desperdício do dinheiro público, orgulho-me de viver na França, país onde existe previdência social para todos, uma renda mínima para os mais destituídos, seguro-desemprego, ajuda pública para as pessoas idosas, para as famílias, para os estudantes jovens sem recursos, para os deficientes físicos. Aceitar pagar muitos impostos quando se ganha bem a vida é a primeira maneira de partilhar. Por isso é que, ao contrário de outros escritores, não pretendo passar a viver na Irlanda, na Bélgica ou na Andaluzia. Além do mais, é tão bom viver na França!

1. João 3, 17-18.
2. Mateus 5, 42.
3. Mateus 6, 2-4.
4. Marcos 12, 41-44.
5. Xenofonte, *Memoráveis*, I, VI, 1.
6. Platão, *Fédon*, 68c.

15

Apego e desapego

Uma das chaves essenciais de uma "vida boa" reside portanto no desapego em relação aos objetos. Para todos nós é importante, naturalmente, ter um teto, comer diariamente para saciar a fome. Quanto ao resto, a felicidade e a infelicidade dependem essencialmente de outros fatores: amor, liberdade, saúde, autodomínio. Precisamos, assim, aprender a aceitar a vida tal como se apresenta, com seus altos e baixos, seus períodos de esplendor, nos quais desfrutamos às vezes de prazeres supérfluos, e seus períodos mais difíceis, quando a apreciamos por prazeres mais profundos. A filosofia budista, segundo a qual tudo é efêmero, tudo muda, tudo está em movimento, parece-me muito justa. Ela dá sustentação a uma filosofia do "desapego": não devemos nos apegar ao que é efêmero. Podemos um dia desfrutar de boa saúde, e estar doentes no dia seguinte; ricos um dia, pobres no dia seguinte; conhecidos e venerados num dia, maltratados e vilipendiados no dia seguinte. Nada nem ninguém pode garantir a estabilidade das honrarias e das riquezas. E por sinal a filosofia budista do desapego também é encontrada nas principais filosofias da Antiguidade, como vimos nos capítulos anteriores, nos quais citei os epicuristas e os estoicos, assim como nos ensinamentos de todas as grandes religiões que não condenam a matéria ou os prazeres dos sentidos, e sim o apego às coisas materiais e ao dinheiro. Se Jesus era uma espécie de errante sem domicílio fixo, alguns de seus discípulos viviam em relativo conforto, como Marta, Lázaro e Maria de Betânia. Ele não lhes pede que renunciem aos seus bens, mas sempre exige desapego em relação ao dinheiro: "Ninguém pode servir a dois senhores, ou bem odiará um deles e amará o outro, ou então se apegará a um e desprezará o outro. Não podeis servir a Deus e ao dinheiro."[1]

O desapego é uma filosofia que não preconiza a ascese nem implica desprezo às coisas materiais, mas simplesmente a recusa de se apegar a elas. É normal sentir prazer em desfrutar de conforto material, de uma casa, de um computador, de um carro funcionando bem, de viajar e se permitir atividades de lazer. O principal é se manter vigilante, não ceder aos atrativos do apego a todos esses objetos que estão a nosso serviço, e cuja perda não nos deve mergulhar na aflição nem afetar nossa alma. Nós não somos escravos deles... mas ainda assim lhes devemos respeito. Não é justo permitir que nossa casa caia em ruínas, ter um jardim e não preservá-lo. O desprezo pelas coisas materiais, absolutamente lamentável, muitas vezes está ligado, por sinal, a um desprezo pelo corpo. Não se entregar ao que é perecível não significa odiar ou desprezar o corpo e tudo que diz respeito à matéria, como às vezes acontece em certas correntes religiosas ascéticas. Como disse anteriormente, amar o próprio corpo e cuidar dele de maneira justa é algo que faz parte da vida espiritual, contribuindo para o seu desabrochar. Amar nosso meio ambiente, dedicar um pouco de nosso tempo para melhorá-lo, embelezá-lo, faz parte de um procedimento semelhante. Mas isso, repito, mantendo a distância necessária para não nos tornar escravos de nosso corpo, de nossas paixões ou de nosso habitat.

Se de um lado abraço a filosofia budista do desapego em relação aos objetos materiais, de outro não estou convencido de que essa atitude deva ser estendida às pessoas. O Buda preconiza, com efeito, o desapego em relação a todos os seres vivos, inclusive os que essa atitude nos são mais próximos — nossos pais, nossos cônjuges ou nossos filhos. Como o universo inteiro, diz o Buda, esses também estão submetidos à lei da impermanência: um dia, haverão de partir, morrerão, se desligarão de nós, e nós sofreremos com isso. A mensagem budista pretende ser um antídoto ao sofrimento, gerado pelo apego. Nesse sentido, o Buda tem toda a razão: se quisermos evitar todo sofrimento, mais vale não nos apegarmos a quem quer que seja. Contudo, o que fazer da experiência do amor e da amizade, que é uma condição do nosso desabrochar? A ausência de amor, dado e recebido, resseca a alma. Não creio que possamos amar sem nos apegar. É necessário que consigamos amar e ficar impassíveis se o ser que amamos morre. É verdade que podemos amar com compaixão todos os seres vivos, mas não podemos entrar numa relação pessoal, amar realmente uma pessoa em particular, e ao mesmo tempo nos sentir totalmente desapegados. Por sinal, eu pude ver monges budistas que meditavam há vinte ou trinta anos chorar à morte de seu mestre espiritual. É bem verdade que tinham se afastado da família, não tinham esposa nem filhos, e seu mestre representava tudo para eles. Haviam se apegado profundamente a ele, como nos apegamos a uma mãe, a um pai, a uma mulher. Esses homens conheciam bem a mensagem do Buda e a punham em prática, mas sofriam com a morte de seu mestre como qualquer ser humano que perde um ente querido. Isso mostra o limite da teoria, e tanto melhor que seja assim, pois o ser humano, para ser plenamente humano, liga-se naturalmente aos próximos, estabelece com eles vínculos afetivos profundos e fortes. Jesus não escapou a essa lei universal. "Aquele que amas está doente", dizem-lhe os próximos, referindo-se a seu amigo Lázaro. Ele deixa tudo de lado, vai ao seu encontro e é informado de que Lázaro morreu. Sua alma fica abalada. "Ele derramou lágrimas", dizem os Evangelhos, não uma lágrima, mas todas as lágrimas de seu corpo, depois "estremeceu novamente", visivelmente abalado, para em seguida ordenar ao morto: "Lázaro, vem para fora!"[2]

Essa capacidade de se ligar aos seres amados talvez seja uma fraqueza, segundo a análise budista, mas ainda assim é o que torna o ser humano belo. Nós não somos deuses, não somos máquinas. E essa afeição também pode voltar-se para animais que nos são próximos. Fiquei muito infeliz quando perdi meu cão, Gustave. Eu o havia encontrado na Sociedade Protetora dos Animais quando tinha apenas um ano. Durante oito anos, ele, por assim dizer, nunca me deixou. E quando morreu em meus braços, no jardim de minha casa de campo, meu coração ficou partido, como se tivesse perdido um de meus melhores amigos. Claro que passei por outros períodos dolorosos de luto, de parentes e de amigos, e jamais pensei que isso seria motivo para deixar de amar, de me vincular. A vida implica sofrimento pela perda de seres amados, e precisamos aceitá-lo. O dilaceramento pela ruptura ou pelo luto é o preço a pagar pelo amor. É um preço alto, mas me parece necessário aceitá-lo de maneira lúcida para vivermos plenamente.

1. Mateus 6, 24.
2. João 11, 3-43.

16

A adversidade é um mestre espiritual

Um novo culto se desenvolveu em nossas sociedades modernas: o culto ao desempenho, ao êxito, ao lucro. Essa ideologia do sucesso nos obriga a ter vitórias em todos os terrenos, e os meios de comunicação veiculam o tempo todo imagens de "vencedores", apresentados como modelos dignos de atenção. O fracasso não é bem visto, logo, não é bem vivido. O que nos é dito pela família, pela escola, pela sociedade, desde a infância, é que não temos direito ao fracasso. Uma pressão terrível pesa sobre cada um de nós.

Esse culto é o herdeiro da ideia moderna de autorrealização, surgida na Europa entre os séculos XVIII e XIX. A ideia foi promovida pelo Iluminismo, com sua vontade de emancipar o indivíduo, até então sob a tutela da religião, única coordenadora da sociedade, e aprisionado numa ganga social que lhe era imposta pelo nascimento. À ordem estabelecida imutável, na qual cada um devia desempenhar seu papel e mostrar sua utilidade (era preciso que o marinheiro fosse um bom marinheiro, que o sapateiro fosse um bom sapateiro, que a mãe de família fosse uma boa mãe de família), o iluminismo opôs os conceitos de mudança e de progresso, isto é, de aperfeiçoamento sem fim, individual e coletivo, em direção à felicidade e à liberdade. Em 1780, em *A educação do gênero humano*, Gotthold Lessing afirma que a perfeição pode ser alcançada pela educação e o emprego da razão, com o objetivo de levar os homens a uma época de ouro. O conceito de progresso inelutável transformou-se em motor ideológico, e com ele se impôs a ideia de que cada indivíduo deve desenvolver seu potencial, suas capacidades, seus dons, sua criatividade, encontrar o caminho que lhe convém. "Que diz tua consciência? Tu deves tornar-te aquilo que és",[1] escreve Nietzsche em várias oportunidades. Não se trata de uma ideia negativa, muito pelo contrário: ela autorizou cada um de nós a deixar o caminho que lhe havia sido traçado, para se realizar; em caráter pessoal, reconheço que a adoto plenamente. Preocupo-me, todavia, com os desvios dessa busca, a partir do momento em que a ela se justapõe a obrigação de êxito, de desempenho, de autorrealização e de felicidade. Em nossas sociedades, que eu qualificaria hipermodernas, o objetivo tornou-se inatingível, e o mais grave é que foi apresentado como estando ao alcance de todos, desde que se tenha realmente vontade.

 O culto do desempenho assume em nossa época um caráter impiedoso. Um divórcio, a perda do emprego são sentidos como fracassos pessoais graves. Uma mulher deve agora ser uma perfeita esposa ou companheira, uma amante sexy, uma mãe de família disponível e, naturalmente, é necessário também que seja perfeitamente realizada no plano profissional. A pressão é de tal ordem que, defrontando-se com os fracassos, muitos desmoronam. Como já mencionei, a depressão muitas vezes resulta, direta ou indiretamente, da incapacidade de alcançar os objetivos de desempenho e de autorrealização que a sociedade nos atribui — e que nós também nos atribuímos, influenciados pelos códigos sociais.

Impõe-se, portanto, uma conversão do olhar. Está na hora de admitir que não só o fracasso não é um drama, como também pode muitas vezes tornar-se um acontecimento positivo. Sua primeira contribuição, longe de ser negligenciável, consiste em nos conduzir novamente a uma atitude de humildade diante da vida. Ele nos obriga a aceitar a vida tal como ela é, e não como a desejamos ou sonhamos. O verdadeiro sofrimento, como pude lembrar, evocando os filósofos estoicos, mas também os taoistas, nasce de nossa resistência à mudança, ao movimento da vida, a seu fluxo. Tratemos, então, de nos rejubilar quando vêm os altos; e quando chega a hora dos baixos, cuidemos de aceitá-los e de fazer com que nos sirvam de trampolim. Nesse sentido, considero os fracassos autênticos mestres espirituais, ou seja, guias que nos ajudam a retificar nossa trajetória. Eles fazem parte da lei da vida, e acredito que sua presença, que nos é naturalmente desagradável no momento, não deixa de ser indispensável ao nosso percurso como um todo. Para que eles sejam autênticos mestres, todavia, devemos transformar o olhar que lhes dirigimos. Em vez de vivenciar cada fracasso como um drama, tratemos de entendê-los como oportunidades de despertar, de tomar consciência. Procuremos extrair lições deles, em vez de gastar nossa energia remoendo suas causas e consequências. Consideremos desde logo que a dificuldade que nos atinge não é um drama, mas uma oportunidade de refletir sobre nossa vida, de entendê-la de outra forma.

Eu mesmo tive de enfrentar vários fracassos, especialmente profissionais, que representaram outras tantas oportunidades de avançar e de me reorientar até que encontrasse finalmente meu verdadeiro caminho. Ao concluir o ensino médio, quis estudar na faculdade de Ciências Políticas de Paris e fracassei por pouco no exame vestibular. Fiquei profundamente desestabilizado e me conscientizei de que certamente havia tomado aquele caminho para seguir os passos do meu pai, que estudara ciências políticas e cursara a Escola Nacional de Administração, muito embora, bem lá no fundo, eu tivesse mais vontade de estudar filosofia. Assim foi que eu não insisti em voltar a fazer o exame para ciências políticas, como acontece com a maioria dos que fracassam na primeira vez, e reorientei meus estudos universitários. Os anos de estudo de filosofia e sociologia que se seguiram foram pura felicidade, representando ainda hoje um alicerce de aprendizado e de conhecimento que me é muito valioso. Aos 24 anos, obtive emprego como diretor de coleção numa grande editora parisiense. Passados cinco anos, recebi uma proposta de contratação definitiva na atividade privilegiada de direção literária. Fiquei encantado, o contrato estava pronto para ser assinado. Foi então que o diretor da editora almoçou com meu pai, que conhecia por ter publicado anteriormente livros seus. Nesse almoço, meu pai lhe agradece por me ter oferecido o emprego, apesar da minha "instabilidade" e da minha "fragilidade emocional". O diretor imediatamente muda de opinião e me propõe permanecer numa função que não me convinha mais. Naquele momento, o choque foi muito duro. Naturalmente, fiquei com raiva do meu pai, que no entanto não tinha a menor consciência de ter assim bombardeado minha carreira. Um pouco mais tarde, pude entender, graças a um processo de psicanálise, que ele estava em rivalidade inconsciente comigo, tendo me lançado um desafio paradoxal: seja alguém importante, de quem eu possa me orgulhar, mas não me supere jamais! A partir desse entendimento, sua falta de jeito ou seu lapso com o editor e outros comentários do gênero não tiveram mais repercussão em mim nem influência na minha vida quando me libertei, através de um trabalho terapêutico, do seu olhar e do vínculo simbiótico que me ligava a ele. Mas voltemos a esse fracasso. Fiquei muito infeliz durante vários meses, perguntando-me se não seria o caso de tentar a sorte em outra atividade que não a edição de livros. Eu já escrevera alguns livros, e depois de refletir entendi que a pesquisa e a escrita, e não a edição, é que me faziam de fato vibrar interiormente. Decidi, assim, viver positivamente esse fracasso, para escrever em tempo integral e iniciar o trabalho numa tese de doutorado. Não tinha mais escritório, secretária, cartão de visitas, e minha renda se reduziu à metade. Durante vários anos, tive dificuldade para chegar ao fim do mês. Mas nunca lamentei. Minha tese representou muito para mim no plano pessoal. Eu era livre e aos poucos meus livros foram tendo sucesso.

Entretanto, até que eu pudesse viver do que escrevia, enfrentei outros fracassos profissionais que me levaram a praticar a entrega. Para ganhar a vida, colaborei durante alguns anos num grande semanário, ao mesmo tempo que pesquisava filosofia e sociologia das religiões num laboratório do Centro Nacional de Pesquisa Científica (CNRS) e da Escola de Altos Estudos em Ciências Sociais. Cheguei à conclusão, assim, de que seria de bom alvitre integrar-me ao CNRS, o que me permitiria continuar escrevendo, mas desfrutando de maior estabilidade profissional e financeira. Apesar de uma tese de doutorado bem-sucedida, com menção de louvor e cumprimentos unânimes dos jurados, assim como um importante currículo de publicações, fui reprovado, pois não apresentava um perfil universitário clássico... estando por demais envolvido com os meios de comunicação! Entendi que não seria capaz de alterar esse preconceito tipicamente francês. Desse modo, como era rejeitado por colaborar regularmente com os meios de comunicação, resolvi tentar a sorte num emprego "de verdade" na revista que publicava meus artigos. Dessa vez, fui reprovado... por causa de um perfil considerado excessivamente universitário e não suficientemente jornalístico! Esses dois fracassos profissionais, um após o outro, me deixaram muito abatido.

Tentei aceitar essa situação absurda sem saber muito bem que orientação imprimir a minha vida profissional. Foi então que conheci um romancista estrangeiro. Ele me fez algumas perguntas sobre minha trajetória e perguntou qual era meu sonho de infância ou de adolescência. E eu respondi espontaneamente: tornar-me escritor ou cineasta. Ele sorriu: "Mas o que você está esperando?" Estas palavras foram um verdadeiro estalo. Um ano depois, eu publicava meu primeiro romance.

Todos nós enfrentamos a doença. Muitas vezes, embora nos seja difícil reconhecê-lo, ela vem nos advertir de um desequilíbrio que não é apenas físico, dizendo respeito também, de maneira mais ampla, a uma disfunção em nossa vida. Nesse sentido, as doenças são em sua maioria psicossomáticas, ainda que haja intervenção de outros fatores. A genética revelou que temos predisposições inatas para muitas doenças. Não desenvolvemos todas, e acontece até de não desenvolvermos nenhuma. Geralmente, as doenças não se declaram por acaso: ocorrem quando atravessamos uma situação que não nos convém, quando estamos esgotados ou em conflito com nós mesmos. Às vezes, porque trabalhamos demais e não reservamos tempo suficiente para viver. Às vezes, pelo contrário, porque paramos de trabalhar e "esquecemos" de nos construir fora da atividade profissional. Muitas vezes também porque estamos interiormente em conflito com nossos pais ou com pessoas do nosso convívio, conflitos que nos minam, sem que disso tenhamos claramente consciência. Atravessamos então uma "crise".

A etimologia da palavra crise em grego, *crisis*, significa necessidade de discernir e fazer uma escolha. Um fracasso, uma depressão ou uma doença constituem crises que indicam que é necessário mudar algo na nossa vida, que chegou o momento de efetuar uma escolha, porque "não se pode mais continuar assim". Nesse sentido, como expliquei antes, as dificuldades enfrentadas podem ser um guia espiritual que nos ordena parar um pouco, questionarmo-nos, reorientar as coisas. Conheci algumas pessoas que enfrentaram doenças muito graves, o que não é meu caso. Num primeiro momento, elas desmoronaram, para em seguida optar por lutar. Sua luta não se deu apenas através de tratamentos médicos, mas também por terapias psicológicas, questionamentos espirituais, momentos de reflexão. As pessoas que conseguiam sair dessa provação ficavam muitas vezes mais felizes do que antes, mais fortes, mais equilibradas diante da nova vida.

O mesmo acontece em todas as frentes da nossa existência. Quando não escolhemos, quando não tomamos uma decisão, permitimos que se degrade *de facto* um problema que não pode se resolver por si mesmo. Geralmente, esperamos que a crise chegue ao auge para intervir, e então a intervenção é necessariamente dolorosa. Toda crise, seja profissional, afetiva ou relativa à saúde, deve ser uma oportunidade para que nos façamos prioritariamente a seguinte pergunta: "Que é necessário mudar?"

Entendamos bem: não quero aqui fazer o elogio do fracasso, da doença ou do sofrimento. Nada disso é um bem em si mesmo, mas uma realidade. Naturalmente, não estimulo ninguém a buscá-los, sei perfeitamente que perder um emprego, uma pessoa querida, ser acometido por uma doença grave, são fontes de grande sofrimento. Entretanto, constato que podem ser uma oportunidade de progredir, crescer, livrar-se de alguns antolhos e ver a vida sob outro ângulo. Insurjo-me, nesse sentido, contra o dolorismo cristão, que constitui uma compreensão profundamente equivocada da mensagem dos Evangelhos. Jesus nunca fez elogio ao sofrimento e não existe nenhum masoquismo em sua abordagem, que consistiu simplesmente em aceitar sofrer por fidelidade à verdade. Mas repelia essa provação: "Pai, afasta de mim esse cálice",[2] ele roga a Deus, suando gotas de sangue, tão forte era sua angústia, pouco antes de ser detido pelos soldados. A leitura dolorista de sua Paixão, tantas vezes feita na história do cristianismo, transformou uma provação livremente aceita por fidelidade à verdade num sacrifício necessário para satisfazer ao Pai. Gerações inteiras, assim, foram marcadas por essa teologia do sacrifício, da qual derivou a ideia de que era necessário buscar o sofrimento para ser fiel a Cristo e para agradar a Deus. As práticas de mortificação foram levadas ao auge e ainda o são no caso de certas pessoas, convencidas de que é necessário sofrer para amar a Deus. É totalmente absurdo. O que demonstra o testemunho de Cristo, como o de Sócrates, é que toda provação não desejada pode tornar-se revelação de amor ou de verdade.

1. Nietzsche, *A gaia ciência*, parágrafo 270.
2. Lucas, 22, 42.

17

"Aqui e agora"

O tempo parece-nos uma flecha lançada por um misterioso arqueiro. O que quer que façamos, os segundos vão passando, implacáveis. Não podemos deter essa flecha nem acelerá-la, nem tampouco desviá-la. Temos muitas vezes tendência a ficar rebuscando a memória, a mergulhar no passado, mas também a nos projetar no futuro, imaginando o que vamos fazer ou o que nos acontecerá. É perfeitamente compreensível, desde que com uma condição: que essas duas tendências não assumam proporções invasivas, em detrimento da qualidade da atenção e da ação no momento presente. Nesse sentido, uma boa relação com o tempo é essencial para conduzirmos bem a vida.

Todas as sabedorias do mundo nos lembram o mesmo: o presente é o único ponto da flecha do tempo no qual podemos agir, é o único momento criativo. Quando falo da ação que podemos e devemos efetuar no presente, não estou falando apenas do trabalho, mas englobo também a contemplação, a passividade fecunda da atenção e da meditação. Acontece que muitas pessoas vivem mal no presente, de tal maneira se deixam parasitar pelos traumas do passado ou, em sentido inverso, paralisam por medo do futuro.

Integrar o passado não significa esquecê-lo. Um acontecimento permanecerá sempre na memória da história de um indivíduo, exceto em casos patológicos como a senilidade ou a doença de Alzheimer. Contudo, é necessário acalmar, aplacar as sensações e emoções perturbadoras vivenciadas nesse acontecimento, pois se continuarem presentes hoje influenciarão negativamente nossas atitudes e nosso comportamento. E bem sabemos as consequências às vezes graves do recalque no equilíbrio psíquico e no desabrochar de um indivíduo. Integrar o passado significa lembrar-se dele, claro, viver com ele, mas não o ficar permanentemente remoendo, sejam boas ou más as lembranças. Devemos esforçar-nos, em especial, por evitar o remorso, o "eu devia ter...". Todos nós cometemos erros e continuamos a cometê-los. É perfeitamente legítimo lamentá-lo. É inclusive necessário reconhecê-los, para tirar as devidas lições e evitar a repetição. Entretanto, na medida em que não podemos recuar de um erro do passado, em que a lei da vida e do universo nos impede de voltar no tempo para mudar de direção na encruzilhada em que nos perdemos, não adianta se lamentar. De nada vale imaginar que se em determinado dia, em determinada hora, não tivéssemos entrado no carro, não teríamos sofrido um acidente. O acidente ocorreu, as consequências podem ter sido trágicas, mas estão aí e só nos resta levá-las em consideração. Cometemos um erro? O remorso é um veneno do espírito, que nos impede ainda de mobilizar no presente as forças necessárias para mudar e continuar avançando.

Além do remorso, também podemos cair reféns do ressentimento ou do ódio, do fato de sentir raiva de alguém por causa de um acontecimento passado. O ressentimento nos enche de amargura, de agressividade, impedindo-nos, assim como o remorso, de estar numa autêntica construção ou numa reconstrução de nossa vida — uma vida que se realiza sempre no presente. O exemplo mais evidente é o da construção de um novo casal depois de um rompimento: enquanto estivermos com raiva daquele ou daquela que nos deixou ou que nós deixamos, qualquer que seja o mal que essa pessoa nos tenha causado, não poderemos estabelecer uma relação harmoniosa e sadia com outra pessoa.

De modo algum subestimo os traumas que tenhamos sofrido, as feridas que não decorrem de erros cometidos, mas que nos foram infligidas, as injustiças gritantes de que tenhamos sido vítima. Todos nós veiculamos sofrimentos, e alguns são profundos, mas com o tempo é preciso aprender a fechar as feridas e tentar curá-las para virar a página. Não é fácil e muitas vezes precisamos de ajuda para consegui-lo. Felizmente existe um amplo leque de técnicas terapêuticas que têm este mesmo objetivo: reconciliar-nos com nós mesmos e com nosso passado. O que de modo algum significa esquecê-lo, mas, pelo contrário, fazer com que ressurjam de nosso inconsciente os acontecimentos recalcados, para evitar que retornem com consequências ainda mais graves, particularmente a repetição inconsciente do fracasso ou o desenvolvimento de uma doença.

Certos métodos são muito antigos. Penso em particular em técnicas budistas ou indianas que ensinam, através de exercícios de visualização, a projetar luz em acontecimentos traumáticos para "trabalhá-los" e assim conseguir superá-los: por exemplo, levando amor, paz e perdão onde existia raiva, tristeza, ressentimento. Outros métodos, como a psicanálise, requerem tempo, centrados na conscientização e na libertação através da fala. No entanto, também existem métodos mais contemporâneos com esse mesmo objetivo, psicoterapias cognitivas, terapias psicoemocionais, como a Gestalt, ou técnicas baseadas no pensamento positivo, como a sofrologia e a hipnose. Quando estamos imobilizados em fobias, angústias, doenças psicossomáticas os círculos viciosos de fracasso, é indispensável iniciar uma terapia, qualquer que seja o método escolhido. Tive pessoalmente vários desses sintomas, e precisei de muitos anos de terapias diversas para me sentir finalmente libertado do peso do passado. Persistem ainda algumas marcas, mas nada disso paralisa minha vida, como chegou a acontecer no passado.

Alguns psicanalistas e psiquiatras — penso particularmente no inglês John Bowlby e no francês Boris Cyrulnik — enunciaram o conceito de resiliência, ao qual já me referi. A resiliência é uma noção extraída da ciência física que exprime a resistência dos materiais aos choques. É uma palavra que vem do latim *resilio*, significando literalmente "pular para trás", ou, em outras palavras, reagir e resistir à deformação. O conceito foi retomado nas ciências humanas para designar a capacidade de nosso espírito de reencontrar a "forma" após um trauma, e portanto de sair da depressão para perseguir desdobramentos positivos, para "reagir" e ir mais longe, valendo-se desse trauma como trampolim. Em suma, a resiliência é o processo que permite, como lembra Boris Cyrulnik, "metamorfosear a dor". É uma das leis misteriosas da vida: uma ferida, um sofrimento, um fracasso se transformam em oportunidade de buscar estímulos internos mais profundos, forças insuspeitadas, para finalmente se construir com mais vontade, mais desejo, mais ambição. A dor conferirá sentido a nosso presente, os fracassos passados servirão de guia para ir adiante, em direção a nossos futuros êxitos.

Posso aqui dar um testemunho. Aos 36 anos, quando estava mergulhado na sucessão de fracassos profissionais descritos no capítulo anterior, tive um sonho incrível. Eu estava na locomotiva de um trem a vapor. Meu pai conduzia o trem e eu jogava carvão na fornalha. Eu estava sob suas ordens e ele não parava de gritar comigo. O trem avançava com dificuldade, ameaçando a todo momento descarrilar. Eu estava muito infeliz e angustiado. Até que, de repente, tudo mudou. Meu pai sumira. Era eu que estava no comando... de um trem-bala! Avançava a mais de 400 quilômetros por hora em meio a campos floridos e trigais. Eu estava exultante, num sentimento de força interna e plenitude. Acordei e me dei conta de que nesse dia teria minha primeira sessão de terapia da Gestalt. Segui essa terapia durante três anos, e ela foi decisiva na resolução da neurose ligada ao meu pai. Entendi posteriormente que esse problema, apesar de doloroso, foi um trampolim para ir mais longe: de uma locomotiva a carvão, com efeito, passei a um trem-bala. Se eu não tivesse sido lançado na vida por essa relação difícil e caótica, talvez nunca tivesse ido buscar no fundo de mim mesmo os recursos para crescer, para me libertar de um vínculo interior negativo: não teria podido me desenvolver e me expressar plenamente. Tampouco teria conseguido construir a relação positiva e harmoniosa que hoje tenho com meu pai.

Assim, em vez de sentir remorso, em vez de ficar remastigando, contemplamos nosso passado, por mais penoso que tenha sido, de maneira positiva: ele pode ser uma oportunidade que nos é dada para irmos ainda mais longe na construção de nós mesmos e de nossa vida.

Não é apenas o passado que tem a capacidade de poluir nossa vida. O futuro pode ser igualmente paralisante. Todos temos uma propensão a nos projetar no futuro, e uma das maneiras como o fazemos, à primeira vista positiva, é o sonho: sonhamos com a casa que gostaríamos de ter, com a profissão que gostaríamos de exercer, com a família que desejaríamos fundar. Isso pode nos deixar felizes enquanto sonhamos, mas certas pessoas de tal maneira se deixam transportar pelo imaginário que acabam esquecendo o presente. Em outras palavras, nada fazem para que esses sonhos se tornem realidade.

Vivi durante muito tempo com esse defeito. Como mencionei, desde a infância eu sonhava em escrever romances ou roteiros de cinema, e toda vez que lia um bom romance ou via um bom filme ficava me imaginando a contar também histórias que comovessem os outros. Entretanto, à parte um pequeno relato escrito aos 11 anos de idade, eu não escrevia. Não entrava em ação por falta de confiança em mim mesmo, e também, certamente, porque o fato de me projetar no imaginário me proporcionava uma pequena dose de prazer, impedindo-me de passar aos fatos concretos. E assim eu começava a sonhar de novo. Ao longo dos anos, dei-me conta de que nada havia mudado na minha vida. Eu estava cada vez mais infeliz em virtude dessa defasagem entre meus sonhos e a realidade. Precisei de um gatilho, como relatei no capítulo anterior, para passar aos fatos. Precisamos sonhar, mas também devemos desconfiar dos sonhos que constituem uma espécie de substitutivo do mundo real, podendo nos impedir de agir ao nos manter em nosso imaginário e nos embalar em doces ilusões.

Outros tipos de projeção podem levar a um bloqueio: angústia ou ansiedade, por exemplo. É normal preocupar-se com o amanhã, ser precavido, contemplar obstáculos plausíveis em vez de se mostrar ingênuo ou tolamente otimista. O que é nocivo é o medo do futuro quando o vemos necessariamente cheio de fracassos, senão fadado ao fracasso. Essa apreensão é às vezes tão forte que nos torna infelizes no presente. É o estudante que se prepara para o exame convencido de que vai fracassar; o candidato a um emprego que, antes mesmo de comparecer à entrevista, tem convicção de que sua candidatura não terá êxito; o apaixonado certo de que será rejeitado pela pessoa que lhe agrada. Essa atitude acaba impedindo que desfrutemos do presente, ficando nosso espírito totalmente absorto no medo do amanhã, assim como, para outras pessoas, ela vem a ser poluída pelos remorsos do passado. Além disso, o pensamento negativo tem forte chance de gerar o acontecimento temido. Você está convencido de que vai fracassar na entrevista para conseguir um emprego? Acreditando nisso, vai se comportar de tal maneira que sua candidatura provavelmente não será aceita, uma vez que você se mostre tenso. É a história do automobilista que, numa estrada do interior, tem o pneu furado e não dispõe de um macaco. Ele está a 5 quilômetros do povoado mais próximo, o sol é inclemente, e depois de ter em vão esperado alguma ajuda, decide caminhar até lá. No percurso, espera encontrar uma oficina e que o mecânico lhe ceda um macaco, mas começa a ficar angustiado com a ideia de que ele não queira emprestá-lo. À medida que avança, seus pensamentos vão ficando cada vez mais sombrios, ele chega ao povoado, encontra o oficina, mas de tal maneira se convenceu de que o mecânico vai se recusar a ajudá-lo que, mal atravessa a porta, já vai gritando, vermelho de raiva: "Sabe o que você pode fazer com a porcaria do seu macaco?"

A maneira como visualizamos um acontecimento futuro, como imaginamos seu desdobramento, pode influenciá-lo. Se vamos a uma entrevista para conseguir emprego depois de ter imaginado seu bom desenrolar, estaremos confiantes e em nossa melhor forma para fazer com que a entrevista efetivamente transcorra em condições que nos sejam favoráveis. Esse poder do pensamento positivo foi compreendido especialmente no mundo dos esportes. Assim, a maioria dos desportistas de alto nível pratica técnicas de visualização positiva: eles se "veem" vencendo, já tendo sido comprovado que essa "visão" de fato lhes proporciona chances adicionais de ganhar.

Pessoalmente, tenho mais tendência a sonhar do que a me angustiar com o futuro. Entretanto, pode me acontecer, como a qualquer um, de cair nas armadilhas do pensamento negativo. Aprendi a reagir imediatamente, e com este objetivo efetuei um trabalho sobre mim, através da meditação e da sofrologia. Por exemplo, sempre tenho medo antes de falar na televisão. Assim, antes de participar de um programa, habituei-me a me isolar durante alguns momentos, e tento visualizar-me tranquilo e sereno. O efeito dessa preparação psicológica muitas vezes é eficiente. Da mesma forma, não gosto de viajar de avião, e evito ao máximo esse meio de transporte, preferindo o trem. Mas no caso de longas distâncias não tenho escolha: antes de uma viagem, portanto, eu me visualizo chegando tranquilamente ao destino, e acabo conseguindo tomar o avião, embora seja sempre uma provação.

Desse modo, para estar na verdade e na alegria do momento presente, precisamos despoluir nosso espírito do passado e do futuro, dos nossos remorsos, das nossas angústias, dos nossos medos e dos nossos sonhos, ou seja, aplicar a máxima de sabedoria transmitida no século II por Marco Aurélio, o imperador romano imbuído de filosofia estoica: "Não te deixes perturbar pela representação global de toda a tua vida."[1] Os estoicos tinham preconizado como atitude fundamental de vida o que é designado pela palavra grega *prosochè*, ou seja, a vigilância a cada momento da vida, a concentração no momento presente, desvinculada das ligações do passado e do futuro, fontes de paixões inúteis e nefastas. Eles insistem no valor infinito desse momento presente, o "aqui e agora", o único sobre o qual podemos agir e no qual podemos agir. No século I antes da nossa era, o poeta latino Horácio proclamaria um lema que se tornou célebre: "*Carpe diem*", que significa literalmente "colha o dia", mas que costuma ser traduzido como "aproveite o dia presente". Um dos versos mais conhecidos de suas *Odes* diz: "Enquanto falamos, o tempo ciumento fugiu. Colhe o dia (*Carpe diem*), sem te fiar no amanhã."[2]

Só o instante presente é criador; só no "aqui e agora" podemos realmente desfrutar da vida, ou seja, estar na autêntica alegria. Essa não é uma lembrança do passado nem um sonho do futuro, fontes certamente de belas emoções, mas não tão poderosas quanto a alegria. O instante nos permite tocar a eternidade, ou seja, a ausência de temporalidade linear, o presente eterno. Desse modo, podemos entender, vivendo-o plenamente, como seria a felicidade eterna de que falam as grandes religiões, e que consiste em se estabilizar na serenidade, na harmonia, na paz, na reconciliação consigo mesmo e com o mundo. É o que o mestre budista Thich Nhat Hanh chama de "plenitude do instante", uma graça que ele encontra até nos gestos mais banais, aqueles que efetuamos quase sempre pensando em outra coisa. Assim, diz ele, quando beber sua xícara de chá, aprecie o momento presente, esqueça o passado e o futuro, sorria para a xícara, tome-a nas mãos pensando simplesmente: "Estou pegando a xícara." Pois ao pegá-la, empenhando nisso todo o seu corpo e o seu espírito, "você está em contato com as maravilhas da vida".[3]

1. Marco Aurélio, *Pensamentos*, VIII, 36.
2. Horácio, *Odes*, a Leucônoe, I, 11, 7.
3. Thich Nhat Hanh, *La Paix en soi, la paix en marche,* Albin Michel, 2006, p. 31.

18

Aprisionar a morte

A verdadeira serenidade e a paz interior só podem ser alcançadas, conforme mostrei ao longo deste livro, com a condição de aceitar o que nos é apresentado pela vida. Dizer "sim" à vida consiste em dizer sim ao inelutável, ou seja, àquilo que não podemos controlar. Acontece que o que há de mais inelutável é a morte. E por maior que seja nosso amor por esta vida, sabemos com certeza que um dia deixaremos de existir, pelo menos neste corpo. Nós o sabemos intelectualmente, mas são raros os que conseguem realmente integrar essa ideia. Como diz Freud, nossa morte é para nós literalmente "impensável", e vivemos como se fôssemos imortais.

A angústia da morte levou os primeiros seres humanos, há uma centena de milhares de anos, a cavar as primeiras sepulturas, e depois, progressivamente, a enriquecê-las com ferramentas, dádivas, ornamentos para acompanhar o morto até o outro mundo. Essa prática, assinalando a consciência da finitude e a esperança de que ela não seja definitiva, distingue fundamentalmente o ser humano dos outros animais. Em nossa cultura ocidental, forjada no caldo de cultura judaico-cristão, houve um tempo em que aceitávamos mais facilmente a morte, na medida em que nos diziam, e certamente estávamos disso convencidos, que ela não passava de um portal para outra vida no além. Vivíamos na expectativa de que a ruptura imposta fosse apenas provisória. Hoje, quando o ceticismo tomou o lugar da crença, a angústia da morte ressurgiu em nós, de maneira tanto mais temível na medida em que a percebemos como um fim total, um aniquilamento. Para nos proteger por antecipação, tratamos de ocultar a morte, tanto a nossa quanto a dos outros: ela se transformou em um de nossos supremos tabus.

A crença no além persiste fortemente em outras regiões, particularmente nas culturas orientais, nas quais a transmigração das almas, a reencarnação, é tida como um fato objetivo, sendo amplamente reconhecida. Para os crentes, ou seja, a esmagadora maioria dessas populações, a morte não é um fim, estando englobada na vida; trata-se de uma passagem que se inscreve num tempo cíclico. Arnaud Desjardins muito apropriadamente comentou comigo, a esse respeito, a diferença fundamental entre o Ocidente e o Oriente. O ocidental, dizia ele, espontaneamente opõe a palavra "morte" à palavra "vida". O oriental a opõe à palavra "nascimento": para ele, nascimento e morte são dois momentos da vida do espírito, que começa antes do nascimento e continua depois da morte. Só o corpo desaparece. É uma crença das mais tranquilizadoras, muito embora essas duas passagens não sejam fáceis de operar, necessitando um aprendizado para o qual foram concebidas as práticas espirituais asiáticas.

As diferentes religiões monoteístas certamente nos trazem a promessa de que a morte não é um fim definitivo, mas se situam numa visão linear e não cíclica do tempo, que implica as noções metafísicas mais angustiantes de começo e fim. Por outro lado, pouco dizem a respeito da vida futura cuja existência afirmam. Conheço crentes que têm muito medo da morte, embora sua fé seja profunda. Eles têm medo do desconhecido, o que é perfeitamente compreensível. Conheço outros, muito mais raros, que por sua vez não vivem na angústia, mas na expectativa da morte. Era o caso do abade Pierre, que começou a desejá-la e esperá-la já aos 17 anos. Esse homem aspirava apenas à plenitude da vida eterna, ao encontro amoroso com Deus, muito embora disso não tivesse nenhuma representação precisa. Estava convencido de que depois de sua morte não seria mais entravado pelas falhas psíquicas e físicas que nos assoberbam aqui embaixo, de que poderia finalmente desabrochar em sua interioridade, viver o amor em sua plenitude. O abade Pierre morreu serenamente, como a maioria dos santos. No *Fédon*, um de seus diálogos socráticos menos conhecidos, Platão nos diz que essa alegria só está ao alcance do "verdadeiro filósofo", cuja alma "saiu do corpo com toda a sua pureza" (82c). Como ainda vivo, ele é "livre e liberto da loucura do corpo" (67a), sua alma é capaz de "ver o que é invisível e inteligível" (64e), de conhecer "a essência pura das coisas" (67b). Esse sábio, acrescenta ele, trabalhou a vida inteira, "mais que os outros homens, para desvincular sua alma do comércio do corpo" (65a).

O que longe está de ser o caso da maioria esmagadora de nós. Assim, no meu próprio caso, sou um crente; tenho, como já disse, uma relação de coração com Cristo; tenho fé na existência de uma vida depois da morte; mas minha fé não é uma certeza sensível ou racional. Reconheço, com minha inteligência crítica, não ter nenhuma certeza a esse respeito. Minha razão me diz que talvez eu esteja iludido, que talvez não haja nada depois da morte, depois da minha morte. Esta dúvida continua presente. De modo que não sei, em última análise, o que acabará permanecendo em mim, a fé ou a dúvida.

Além dos caminhos espirituais, toda uma tradição filosófica nos ensina a enfrentar essa angústia universal, a não ter medo da morte, a aceitar o fato de que ela é parte integrante da vida. Em suma, a tentar viver de maneira lúcida com a ideia de que vamos morrer, em vez de recalcá-la. Mas não seria este, talvez, um dos principais objetivos da filosofia? Montaigne, pelo menos, estava convencido disso ao afirmar que "filosofar é aprender a morrer".[1]

Um dos primeiros filósofos a se ter explicitamente declarado ateu foi o grego Epicuro. Para ele, não restava dúvida de que a morte assinala o desaparecimento total, do corpo e da alma, do indivíduo. Em vista disso, ele exortava seus discípulos a não temê-la, temor que considerava totalmente inútil; por um lado porque não impede a morte, e por outro porque impede o pleno desfrute do prazer de viver. Em sua *Carta a Meneceu*, ele resume da seguinte maneira algo que está constantemente afirmando: "Habitua-te a pensar que a morte nada é para nós. De fato, só há bem e mal na sensação; ora, a morte é ausência de sensações. Em consequência, saber que a morte não é nada para nós torna esta vida mortal feliz (...). Nada mais temos a temer da vida quando sabemos que não há nada a temer após a vida (...). Pois de nada adianta sofrer antecipadamente por algo que não provoca nenhuma dor quando está presente. O mais terrível dos males, a morte, nada é em relação a nós, pois, enquanto existimos, ela não existe, e quando ela existe, nós não existimos mais. De modo que a morte não existe nem para os vivos nem para os mortos (...). O sábio não teme a vida, tampouco teme não viver."

O sábio é aquele que se preparou para a morte. Entendo por "preparação" o fato de agir ao longo da vida de tal maneira que, ao chegar o momento de nossa morte, possamos partir sem remorsos, com a sensação de ter vivido esta vida o melhor possível, de ter "vivido bem", ou seja, ter levado uma vida justa, correta, boa; de ter estado, tanto quanto possível, na verdade. Pois é terrível morrer com o remorso de ter desperdiçado a vida. Toda manhã, eu me preparo para minha morte, mas à maneira de Spinoza, para quem "o homem livre pensa menos na morte que em qualquer outra coisa, e sua sabedoria é uma meditação, não da morte, mas da vida".[2] Desperto dizendo a mim mesmo que talvez seja este meu último dia. E que portanto devo vivê-lo em plena consciência, sem jamais abdicar de meus valores, ou seja, vivê-lo da melhor maneira possível, sem me deixar tomar por emoções perturbadoras, para mim ou para os outros, sem desempenhar um só ato do qual possa me arrepender. Para retomar as palavras de Marco Aurélio, devo "agir, falar, pensar sempre como alguém que pode a qualquer momento deixar a vida".[3] Em suma, vivê-la de tal maneira que seja capaz, ao chegar a noite, de adormecer com a consciência tranquila. Talvez nem venha a acordar. É assim que integro em minha vida, no cotidiano, a dimensão de nossa finitude. E no fundo não é para a morte, mas para a vida que assim me preparo diariamente.

1. Montaigne, *Ensaios*.
2. Spinoza, *Ética,* IV, proposição 50.
3. Marco Aurélio, *Pensamentos*.

19

O humor

O humor é uma das qualidades mais preciosas do espírito humano. O homem sabe rir desde que nasce, antes mesmo de aprender a falar. Seu primeiro riso expressa contentamento, mas rapidamente, antes mesmo de balbuciar as primeiras palavras, a criancinha ri de situações que lhe parecem divertidas. Ela percebe o caráter cômico, absurdo ou inusitado de uma situação, o que implica certo distanciamento em relação a ela.

Como o riso é eminentemente espiritual, os filósofos lhe dedicaram muitas páginas. Entretanto, como em sua maioria eles não são nada divertidos, essas páginas muitas vezes são por demais austeras e quase risíveis! Descartes faz dele o tema central de três capítulos, dos mais ferozes, de *Paixões da alma* (sua última obra). Spinoza exalta os méritos do riso no quarto livro de sua *Ética*, no qual o qualifica de "pura alegria" e o apresenta como uma arma fundamental da liberdade, na medida em que nos liberta do medo, fonte das superstições que ele estava permanentemente combatendo. Descreve desta maneira o homem de bem: "Na medida em que o permita a virtude humana, ele se esforçará por fazer o bem, como se diz, e se manterá alegre."[1] Bergson o disseca num tratado em meias tintas, *O riso*, tratando basicamente do riso cômico e da zombaria. E houve até médicos que se interessaram pelo tema, desde o lançamento do primeiro *Tratado do riso*, de Laurent Joubert, publicado em Paris em 1579, exaltando as vantagens do bom humor para a saúde! À parte as poucas linhas de Spinoza, devo reconhecer, contudo, que essas teorias não me satisfazem plenamente, pois são parciais e sobretudo se omitem sobre aquela que me parece a principal virtude do humor: seus efeitos extremamente benéficos na vida interior, através de um distanciamento lúcido em relação ao real.

De minha parte, não vou aqui estabelecer distinção entre o cômico propriamente dito, o burlesco, a tirada espirituosa refinada ou a ironia cáustica. Apesar das acentuadas diferenças, todos eles exprimem, em diferentes graus de profundidade, uma forma específica de inteligência, cumprindo funções semelhantes que são essenciais ao equilíbrio de todo indivíduo. É fácil entender o incômodo que podem nos causar pessoas destituídas de todo e qualquer senso de humor, nas quais instintivamente percebemos certa falta de humanidade, que nos enregela!

Uma das primeiras funções do humor, em minha opinião, é criar um vínculo de humanidade entre indivíduos que às vezes nem mesmo se conhecem. Lembro que certa vez me perdi, durante uma viagem, num país que visitava pela primeira vez e cuja língua não falava. Procurava em vão o caminho debaixo de forte chuva, com uma mochila encharcada, e a noite estava caindo. Eu realmente não estava com a menor vontade de rir, mas bastou que um indivíduo, num café onde eu entrara para me informar, jogasse uma piada, zombando da minha situação, para que todos caíssemos na gargalhada, a começar por mim mesmo. O riso, por sua vez, bastou para que todos se sentissem pessoalmente envolvidos na minha história e buscassem meios de me ajudar. O humor congrega, cria imediatamente uma comunhão, faz com que caiam todas as barreiras sociais e culturais. Ele é uma virtude de humanidade, como o conhecimento ou a compaixão. Tive oportunidade de assistir a vários encontros entre Dalai Lama e intelectuais ou jornalistas ocidentais. O personagem impressiona e, apesar da grande simplicidade, ou talvez por causa dela, intimida os auditórios. Os encontros com ele são sempre antecedidos de um silêncio de fato solene. Em todas as vezes, pude ver Dalai Lama lançar um dito espirituoso e dar uma enorme gargalhada, de efeito sempre instantâneo: as pessoas presentes por sua vez também começavam a rir. Em um instante, o gelo estava quebrado, criava-se uma comunhão.

A segunda virtude do humor, que vemos em ação na anedota pessoal que acabei de relatar, é sua capacidade de suavizar uma situação, estabelecendo uma distância das mais necessárias. De repente, naquele país do qual nada sabia, com aquelas pessoas que não conhecia, eu me vi espectador do meu próprio desespero, o que me permitiu rir dele. E o riso desarmou a minha irritação em questão segundos. O humor tem essa extraordinária capacidade de desarmar o trágico. A vida é trágica, com todas as suas doenças, fracassos, contrariedades, desilusões, culminando nessa tragédia suprema que é a morte. Como diz Woody Allen: "A vida é insuportável, mas o pior é que acaba!" Com uma pirueta do espírito, podemos de repente chamar atenção para o caráter absurdo ou dramático de uma situação e invertê-la. E, exatamente assim, aquilo que nos oprimia vai nos fazer rir. Às vezes até as lágrimas. Ao achar graça de uma realidade trágica, certamente não a modificamos, mas transformamos a percepção que dela temos. Com esse olhar distanciado, nos libertamos do caráter insuportável dessa situação.

Certas tradições espirituais integraram essa dimensão aos seus ensinamentos, indo buscar no humor respostas aos desafios da vida. Assim, Nasr Eddin Hodja, personagem célebre no mundo muçulmano — onde também ficou conhecido como Geha ou Goha —, é um falso ingênuo que se tornou objeto de piadas e brincadeiras entre amigos e crianças. As anedotas de que ele é personagem muitas vezes saíram dos meios sufis, fazendo parte da herança e do ensinamento dos grandes mestres espirituais. E por sinal os sufis inventaram muitos contos que transmitem pelo humor uma mensagem espiritual de grande profundidade. Gosto especialmente deste:
O califa acaba de morrer. O trono ainda está vazio e um miserável mendigo vai sentar-se nele. O grande vizir ordena aos guardas que prendam aquele maltrapilho que cometeu semelhante sacrilégio, mas ele responde:
— Eu estou acima do califa.
— Como pode dizer semelhante coisa?! — exclama o grão-vizir, estupefato. — Acima do califa existe apenas o Profeta.
— Eu estou acima do Profeta — continua o mendigo, sem perder a fleuma.
— O quê?! Como ousa, seu miserável! Acima do Profeta existe apenas Deus!
— Eu estou acima de Deus.
— Blasfêmia! — urra o grão-vizir, à beira de um ataque de apoplexia. — Guardas! Estripem imediatamente este louco. Acima de Deus não há nada!
— Justamente, eu não sou nada.

Nas tradições asiáticas, os célebres koans do budismo zen também se destinam a transmitir um ensinamento de grande profundidade por trás do caráter absurdo e não raro humorístico de breves sentenças ou perguntas que o mestre lança aos discípulos. O objetivo é abalar a concepção que se tem do real, desestabilizar o eu do discípulo e conduzi--lo assim para o Despertar. Eis alguns exemplos de koans famosos:

— Quando nada mais há a fazer, que é que você faz?
— Que barulho faz uma única mão aplaudindo?
— Uma ilusão pode existir?
— Aquilo que te falta, vai buscá-lo no que tens.

À parte o caráter algo cortante dos koans, também existem na tradição budista muitas historinhas divertidas que os monges contam entre eles nos mosteiros. Uma delas me foi relatada por um monge tibetano em Sikkim:

Dois monges, um jovem e um velho, caminham juntos. De repente, chegam a um riacho. Veem uma linda jovem, que lhes pede ajuda para atravessar o córrego. Para espanto do jovem, o velho monge propõe à mulher que suba em seu ombro. Depois de atravessado o rio, os dois monges continuam sua caminhada em silêncio. No fim do dia, o jovem monge pergunta ao ancião: "Como é que pôde levar aquela mulher nas costas, tendo feito voto de castidade?" E o ancião responde: "Carreguei aquela mulher por dois minutos, e depois a esqueci completamente. E você, depois de um dia de caminhada, ainda a está carregando."

Para mim, contudo, o máximo do humor se manifesta nas piadas judaicas, sejam religiosas ou profanas. Já me perguntei de onde viria esse apurado senso humor, particularmente voltado para a zombaria de si mesmo, e essa incrível abundância de histórias, de um humor que, longe da comicidade mais grosseira, quase sempre apresenta um caráter eminentemente espiritual e existencial. Os judeus zombam de si mesmos, de Deus e da vida — ou seja, de tudo aquilo que lhes é mais caro — como ninguém. Creio que isso decorre de dois fatores. O primeiro é de ordem histórica. Como foram perseguidos durante muitos séculos, os judeus desenvolveram uma forma de ironia bem particular: rir deles mesmos, do olhar de desprezo que os outros têm sobre eles, de suas desgraças, permite relativizar tudo isso.

O segundo tem origem religiosa: trata-se do peso esmagador da missão divina de que eles se dizem depositários. A Bíblia afirma que Deus, o Todo-Poderoso, o Criador do universo, fez uma aliança única com esse pequeno povo. É tão fenomenal... que é melhor achar graça! E é tão pesado, por outro lado, ter de dar testemunho dessa escolha diante de toda a humanidade que o humor permite suportar a defasagem entre a palavra e os atos, entre o chamado à santidade e o comportamento de cada crente, que o mais das vezes está muito distante disso.

É o que fica muito bem expresso na história do rabino que, ao sair da sinagoga, agradece a Deus. Ele lhe agradece por tê-lo feito nascer no povo eleito; por tê-lo escolhido para cumprir os rituais; por lhe ter dado a fé; e volta a lhe falar de toda a sua adoração e da confiança que deposita nele e apenas nele. Mas eis que, mergulhado em seus pensamentos, o rabino cai num barranco. Durante a queda, consegue agarrar-se a um pequeno galho, que no entanto não é muito sólido. Apavorado com o vazio, ele pede ajuda:

— Tem alguém aí? Tem alguém aí?

A resposta é apenas o silêncio. Ele ainda está gritando, quando afinal é calado por uma voz. Uma voz profunda, vinda do alto. De muito alto:

— Meu filho, ouvi o teu pedido. Não temas nada e larga esse galho. Meus anjos vão te conduzir e te depositar suavemente no fundo do precipício.

E o rabino, voltando a contemplar o vazio lá embaixo:
— Tem mais alguém aí?

A ironia é uma das armas da filosofia grega. Os célebres cínicos dela faziam bom uso para transmitir sua visão subversiva dos valores. Para zombar dos filósofos que pregavam a virtude vivendo em palácios, eles tinham escolhido um estilo de vida radicalmente pobre e ensinavam através do exemplo e de breves sentenças sibilinas ou irônicas, em vez de longos discursos. O mais famoso deles, Diógenes de Sínope, viveu no século IV em Atenas... no seu célebre barril. Percorria a cidade em pleno dia com uma lanterna, e quando lhe perguntavam o motivo, ele respondia, irônico: "Estou buscando um homem." Não hesitava em mendigar ao pé das estátuas, "para se habituar à recusa". Feito prisioneiro por piratas quando ia para Egina, ele respondeu assim ao vendedor de escravos que lhe perguntou o que sabia fazer: "Eu sei governar os homens. Venda-me a alguém que esteja procurando um mestre!" E de fato ele logo seria libertado por seu comprador, que lhe tinha grande estima. Foi então que ocorreu a famosa entrevista com Alexandre o Grande, que queria conhecer aquele famoso filósofo mendigo.

— Peça-me o que quiser, e eu lhe darei — disse o monarca.
— Saia da frente, pois está tapando o sol — respondeu Diógenes.

— Você não tem medo de mim?
— Que é você? Um bem ou um mal?
— Um bem.
— E quem haveria de temer o bem?

Alexandre diria mais tarde: "Se eu não fosse Alexandre, gostaria de ser Diógenes!"

Não estamos assim tão distantes da ironia de um Sócrates, que pouco tempo antes se valera da mesma arma para desestabilizar seus interlocutores. O humor e a zombaria pareciam-lhe com efeito as únicas maneiras realmente eficazes de levá-los a se conscientizarem de verdade. "O deus", dizia ele, "aparentemente me escolheu para excitar e provocar cada um de vocês, sempre e por toda parte, sem descanso (...) como uma mosca provoca um cavalo".[2]

Caberia lamentar que o humor não tenha sido o forte dos filósofos na longa tradição ocidental. À parte alguns comentários espirituosos aqui e ali, o humor não mais é muito utilizado como forma de ensinamento. Montaigne, Spinoza e sobretudo Nietzsche souberam manejar a ironia, mas são exceções. Isso talvez tenha alguma relação com a longa influência do pensamento cristão nas mentes ocidentais, pois, ao contrário das correntes judaicas, budistas ou muçulmanas, ele é singularmente desprovido de humor. É verdade que o humor está totalmente ausente dos Evangelhos, e a pergunta que Umberto Eco põe na boca de um de seus monges no romance *O nome da rosa* não deixa de ter sentido: "Cristo riu?" Ficamos sabendo que ele chorou, que bebeu, que se encolerizou, que exultou de alegria... mas será que riu alguma vez? Pessoalmente, não posso imaginar que, como bom rabino judeu, ele tenha sido tão sério quanto um papa pregando do seu trono! E tento me tranquilizar pensando que, se seus discípulos nada preservaram do seu humor, é porque não o entenderam ou porque ele assim se exprimia às custas deles, ou ainda por terem achado que não seria conveniente apresentar o Filho de Deus rindo.

Assim, se a tradição teológica cristã é muito pouco divertida, a sabedoria popular (e certos padres não destituídos de humor) felizmente criou uma infinidade de pilhérias envolvendo o papa, os cardeais, os párocos, os monges e as religiosas. De modo que não resistirei ao prazer de concluir este capítulo com esta piadinha católica:

Um missionário caminha pela savana e de repente se vê diante de um leão rugindo. O padre implora a Deus que venha em sua ajuda: "Senhor, inspirai sentimentos cristãos a esta fera!" E um milagre acontece. O leão para de correr, se ajoelha e reza: "Meu Deus, abençoai esta refeição. Amém."

1. Spinoza, *Ética*, IV, proposição 50.
2. Platão, *Apologia de Sócrates*, 30d e 31a.

20

A beleza

Nas páginas precedentes, insisti na importância que atribuo, para a realização de nossa plena humanidade, à busca do conhecimento, mas também do bem; da verdade, mas também do amor; da inteligência, mas também da partilha. No entanto, será que insisti suficientemente numa outra experiência essencial, aquela que acredito ser uma das mais universais e profundas para cada um de nós, a experiência do belo? Desde que a filosofia existe, os pensadores e sábios se mostram fascinados com o efeito que o belo tem sobre nós. Muitas vezes citei Platão, para quem o Absoluto indefinível repousa num tríptico formado pelo Verdadeiro Supremo, o Bem Supremo e o Belo Supremo. Cada um de nós, segundo ele, elevando a própria alma para o Mundo das Ideias, aspira a contemplar esses três valores, que de alguma forma representam arquétipos para os quais tendemos e que tentamos alcançar, para nos unir a eles. Citei o exemplo dado por ele em *O banquete*, no qual vemos Sócrates explicar de que maneira é possível passar da contemplação da beleza dos corpos para a da beleza das almas, que por sua vez nos leva à contemplação da Beleza em si.

No século I de nossa era, o grego Plutarco, que conhecemos como filósofo e moralista mas que também foi sacerdote de Apolo no templo de Delfos, explicava da seguinte maneira esse dado fundamental do pensamento platônico: "Este mundo é o templo mais sagrado e mais digno da majestade divina. O homem é introduzido nele ao nascer para contemplar, não as estátuas imóveis feitas pelos homens, mas aquelas que a inteligência divina criou, e que, segundo o pensamento de Platão, são as imagens sensíveis. Essas substâncias invisíveis trazem em si mesmas o princípio de seu movimento e de sua vida: refiro-me ao Sol, à Lua, às estrelas, aos rios, cujas águas se renovam incessantemente, e à Terra, que fornece aos animais e às plantas alimento abundante. A contemplação desses grandes objetos é para nós a iniciação mais perfeita, devendo disseminar em nossa vida uma calma e uma alegria inalteráveis."[1]

Contemplar a natureza e deixar-se tomar pelo sentimento de admiração a que dá origem em nós é uma experiência que nos transporta às vezes literalmente para fora de nós mesmos. Será que temos consciência de que essa beleza se encontra em toda parte? Nada na natureza é feio. A feiura pertence apenas ao mundo humano. Essa beleza nos é proporcionada gratuitamente, ao passo que certas pessoas pagam fortunas para adquirir obras de arte às vezes de uma feiura assustadora. Será que sabemos abrir os olhos, abrir o coração para identificar a beleza ao nosso redor, diante de um simples pôr do sol ou de um raio de luz passando pelas folhas de uma árvore? Mas também no sorriso de uma criança ou no rosto de um velho? Caminhando pela cidade ou virando numa esquina, diante de uma bela porta? Será que sabemos deixar-nos comover por um olhar, por uma harmonia musical capaz de abalar nossa vida interior?

As tradições religiosas valeram-se do Belo como via de acesso ao sagrado. Num trabalho anterior, no qual explorei o nascimento do sentimento religioso,[2] mostrei de que maneira o seu surgimento, no Paleolítico intermediário, ou seja, há cerca de 45.000 anos, manifestou-se através da beleza nos magníficos afrescos desenhados nas paredes das cavernas africanas, australianas e depois europeias, qualificadas pelo paleontólogo Emmanuel Anati de verdadeiras "catedrais".[3] Posteriormente, as religiões se tornaram mais complexas e seus templos, construídos na busca das harmonias perfeitas, se embelezaram, sendo ornamentados com as mais belas flores, as mais belas estátuas, os mais belos quadros. O desenvolvimento das artes no Ocidente não se teria dado com tal esplendor sem a intervenção e as encomendas das Igrejas aos artistas — pintores, escultores, músicos, arquitetos etc. O mesmo se pode dizer a respeito das outras regiões geográficas e culturais, sejam elas budistas, hindus, judaicas ou muçulmanas. Visitando certos locais sagrados — a igrejinha romana de Germigny-des-Prés, a grande mesquita de Córdoba, os templos budistas de Angkor —, entendemos de que maneira a beleza "abre" literalmente a alma do crente, tornando-a receptiva ao invisível. O artista, dizia Bergson, é "um homem que vê melhor que os outros, pois olha a realidade nua e sem véus. Ver com olhos de pintor é ver melhor do que o comum dos mortais (...). Aquele que puser fogo às convenções, aquele que desprezar o uso prático e as comodidades da vida e se esforçar por ver diretamente a própria realidade, sem nada interpor entre ela e ele, este será um artista".[4]

Arthur Schopenhauer interessou-se particularmente por essa faculdade da arte de nos arrancar a nossas desgraças, a nossas misérias, a nossa mesquinhez, para nos dar acesso a oura dimensão. A arte, dizia ele, em essência, extrai essa faculdade do fato de romper o vínculo de utilidade que liga o indivíduo ao mundo. E explicitava assim seu pensamento: "Existiria um conhecimento especial aplicável àquilo que, no mundo, subsiste à parte e independentemente de toda relação, àquilo que constitui propriamente a essência do mundo e o substrato verdadeiro dos fenômenos, àquilo que está liberado de toda alteração, sendo conhecido com igual verdade por todos os tempos, numa palavra, às Ideias, que constituem a objetividade imediata e adequada da coisa em si, da vontade? Esse modo de conhecimento é a arte, é a obra do gênio. A arte reproduz as ideias eternas que ele concebeu através da contemplação pura, ou seja, o essencial e o permanente de todos os fenômenos do mundo."[5]

Pois o belo, felizmente, não é apenas uma questão de religiões. Baudelaire, o poeta maldito, clamava seu horror às religiões, mas louvava a natureza, comparando-a a "um templo onde pilares vivos emitem às vezes palavras confusas", um templo onde, segundo ele, "coisas infinitas" "cantam os transportamentos do espírito e dos sentidos".[6] Rimbaud se referia a Baudelaire como "o primeiro vidente" entre todos aqueles que, através da arte, nos ajudam a "inspecionar o invisível e ouvir o inaudito".[7]

A beleza sempre é para mim fonte de felicidade. Uma fonte acessível, pois me basta abrir os olhos para ver ao meu redor, ouvir uma música que me encante, deixar-me penetrar por esse sentimento que surge então em ondas e que é tão bem descrito pelos poetas, uma espécie de união com o mundo. A poesia e a música, provavelmente mais que quaisquer outras artes, nos revelam com as palavras do coração e a harmonia dos sons a beleza oculta do mundo. Não consigo começar meu dia de trabalho sem ouvir as *Variações Goldberg* de Bach, o *Köln Concert* de Keith Jarrett ou uma sarabanda de Händel

E à noite, antes de dormir, gosto de ler poemas: Baudelaire e Hugo, sobretudo. Christian Bobin, o poeta vivo que mais me fala de perto, sabe dizer admiravelmente a graça dos pequenos acontecimentos cotidianos. Ele revela a beleza e mesmo a bondade do real, não em paisagens impressionantes, mas numa simples flor, na curvatura das costas ou no rosto enrugado de uma velha que cruza o seu caminho na padaria da aldeia. E sabe dizer maravilhosamente a beleza presente por toda parte ao nosso redor, nós que quase sempre caminhamos mergulhados em nossos pensamentos ou, pior ainda, com o nariz colado no telefone celular para responder aos e-mails.

Um quadro, uma foto, uma imagem, uma palavra, um corpo, um rosto, uma nota musical bastam para trazer alegria ao cotidiano, para vivenciar esse transportamento da alma que no século I de nossa era foi qualificado como "prazer divino"[8] pelo poeta Lucrécio.

"A beleza salvará o mundo", profetizava Dostoievski. Certamente é um exagero, mas ela com certeza o torna mais suportável, às vezes revelando a verdade e a bondade nele escondidas.

1. Plutarco, *Sobre a tranquilidade da alma*, 477c-d.
2. Frédéric Lenoir, *Petit traité d'histoire des religions*, Plon, 2008.
3. Emmanuel Anati, *Aux origines de l'art*, Fayard, 2003, p. 10.
4. Bergson, *Conférence de Madrid sur l'âme humaine*, 2 de maio de 1916.
5. Schopenhauer, *O mundo como vontade e representação*, III, 36.
6. Charles Baudelaire, *As flores do mal*, IV.
7. Carta de Rimbaud a Paul Demeny, 15 de maio de 1871.
8. Lucrécio, *De rerum natura*, I, 28.

Epílogo

Ao fim deste percurso filosófico e espiritual, longe de concluir, gostaria de fazer alguns esclarecimentos que me parecem essenciais no que diz respeito à felicidade. Nessa tentativa de demonstrar que a felicidade tem a ver com a vida interior e com o trabalho sobre si mesmo, muito mais que com os bens exteriores, o leitor poderia ser levado a pensar que considero que ser feliz é resultado de um longo esforço de conhecimento de si mesmo, de purificação das paixões e conquista das virtudes. O que é ao mesmo tempo verdadeiro e falso.

Falso porque a felicidade tem a ver antes de mais nada com disposições naturais de cada um. Um desequilíbrio hormonal pode tornar a felicidade quase inacessível e um temperamento otimista e brincalhão dispõe muito mais a ser feliz do que qualquer busca de sabedoria. É o que expressa muito bem Arthur Schopenhauer em seus *Aforismos sobre a sabedoria da vida*: "Nossa felicidade depende daquilo que somos, de nossa individualidade, embora em geral só levemos em conta o que temos e o que representamos. Mas o destino pode ser melhorado, e aquele que é possuidor de riqueza interior não exigirá dele grande coisa; mas um tolo será sempre um tolo e um grosseiro será sempre um grosseiro, ainda que cercados de dançarinas no paraíso. Por isso é que 'a felicidade suprema é a personalidade', diz Goethe (...) Pois a coisa essencial para o bem-estar do indivíduo é, evidentemente, o que acontece no interior dele próprio. É lá, com efeito, que reside seu bem-estar ou seu mal-estar, resultado daquilo que ele sente, quer, pensa. Com um mesmo ambiente, cada um vive num mundo diferente; as mesmas roupagens do mundo exterior afetam cada um de maneira muito diferente."

Certos indivíduos têm a sorte de nascer com disposições que os tornarão muito mais aptos para a felicidade que outros. É por sinal o que diz explicitamente a etimologia grega da palavra felicidade (*eudaimonia*): "ter um bom *daimon*", o que poderíamos traduzir em termos contemporâneos como "ter uma boa estrela".

Verdadeiro, contudo, porque, para aqueles que têm um temperamento menos predisposto à felicidade ou que tiveram uma vivência dolorosa na infância, o trabalho sobre si mesmo permite curar feridas e entender certas chaves de sabedoria que ajudam a viver. Foi o que expliquei em relação a meu próprio percurso: tenho um temperamento mais para feliz, mas durante muito tempo a felicidade foi de difícil acesso para mim, em virtude de certas feridas dolorosas. Um trabalho filosófico, psicológico e espiritual ajudou-me a me conhecer, a entender minhas dificuldades e a resolvê-las em grande parte. Como dizia no prólogo deste livro, minha vida é hoje mais harmoniosa do que no passado, graças a essa busca da sabedoria. Mas essa busca parece-me útil a todos, qualquer que seja nossa sensibilidade, pois o conhecimento e o domínio de si, a relação justa e amorosa com os outros dão acesso a uma serenidade mais estável e mais durável que a simples emoção passageira. A felicidade, com efeito, é uma coisa frágil, jamais definitivamente conquistada, que pode ser abalada por um nada, embora nos julguemos perfeitamente felizes. A sabedoria permite resistir melhor às oscilações da vida. Ela nos ajuda a saborear plenamente os momentos felizes e a não nos desesperarmos nos momentos dolorosos. Ensina-nos a aceitar a vida tal como se apresenta, com seu quinhão de alegria e de tristeza, tentando fazer com que a infelicidade recue o máximo possível. Permite-nos acompanhar o movimento permanente da existência com flexibilidade e atenção. Leva-nos a compreender que não podemos estar em paz sem os outros, sem desejar também a felicidade dos outros. Nisso, pode nos ajudar sempre a viver melhor, sejamos por natureza bem ou mal dispostos para a felicidade.

Eu acrescentaria, para concluir, um aspecto importante, algo que talvez não tenha sublinhado suficientemente neste pequeno tratado. Como diz Spinoza em sua *Ética*, existe na própria essência da vida e do ser uma alegria profunda. A alegria está aí, e precisamos aprender a vê-la, a aceitá-la, a permitir que se manifeste. O trabalho psicológico ou filosófico permite eliminar os obstáculos que muitas vezes a impedem de brotar. É por termos provado dessa alegria, ainda que fugazmente, que haveremos de nos engajar autenticamente na busca do verdadeiro, do bem, do belo. E é quando tivermos provado cada vez mais dela que essa busca de sabedoria estará constantemente aumentando. Da mesma maneira que é por termos provado do amor que haveremos de aprender a amar, é por termos provado da beatitude que desejaremos progredir na virtude. É a alegria que leva à renúncia, e não o contrário.

ADENDO

O que é uma vida bem-sucedida?

Um diálogo inédito entre Sócrates e Jacques Séguéla

No dia 13 de fevereiro de 2009, no programa *Télématin* (France 2), o publicitário francês Jacques Séguéla fez a seguinte afirmação: "Como se pode criticar um presidente da República por ter um Rolex? Todo mundo tem um Rolex. Se aos 50 anos ainda não se tem um Rolex, é porque se fracassou na vida!"
Leitor assíduo de Platão, eu me perguntei o que Sócrates teria pensado de semelhante declaração. O problema é que os relógios Rolex ainda não existiam na sua época — o que revela, por sinal, como os homens do passado eram infelizes. Mas não importa, certamente existia na Antiguidade um símbolo equivalente. Por mais que procurasse, não encontrei nos historiadores da Antiguidade o que poderia ser o Rolex do mundo greco-romano, esse objeto ao mesmo tempo não indispensável e de prestígio que devemos possuir como prova de sucesso na vida. É verdade que não faltavam sinais de riqueza e poder: do tamanho da casa ao número de escravos, passando pelas incontornáveis joias. Mas nenhum sinal de algo tão ridículo quanto um relógio, que pudesse ser considerado como sinal de uma vida digna de admiração. Recorri então a um dos melho-

res historiadores modernos do mundo antigo: René Goscinny. O pai de Asterix me deu a chave. Em *Le Domaine des dieux*, ele mostra que o máximo do chique é ter um menir no *atrium* (espécie de jardim interior) da casa.

Desse modo, com um pequeno anacronismo de alguns séculos, posso perfeitamente imaginar Sócrates assistindo aos jogos circenses em Roma. No intervalo, enquanto os restos mortais ensanguentados dos gladiadores são retirados e antes de serem oferecidos alguns cristãos aos leões, o apresentador do circo Máximo entrevista o grande publicitário da época, Jacobus Seguelus Bonimentus, sobre o lado exibicionista do novo imperador. E Seguelus responde: "Todo mundo tem um menir no jardim de casa. Se aos 30 anos [50 é um pouco demais para a época] não se tem um menir no jardim, é que se fracassou na vida." A multidão aplaude. Sócrates ainda tem lá suas dúvidas. No fim do espetáculo, ele vê centenas de bravos cidadãos romanos saírem correndo atrás dos vendedores de menir. Perplexo, interpela um deles. Tem início então o seguinte diálogo:

SÓCRATES: Diga-me, Julius Cretinus Verus [é o nome do espectador], aonde é que vai com tanta pressa?

JULIUS CRETINUS: Vou à via Condotti comprar um menir.

SÓCRATES: E por quê?

JULIUS CRETINUS: Você não ouviu Jacobus Seguelus Bonimentus dizer que se aos 30 anos ainda não se tem um menir no jardim de casa, é que se fracassou na vida? Eu tenho 29 anos e não quero que fiquem pensando semelhante coisa de mim!

SÓCRATES: Quer dizer que não é para convencer a si mesmo, mas aos outros, que vai comprar um menir? Se for procurar saber, acha que sua vida foi um fracasso?

Julius Cretinus (*pensativo*): Tenho uma mulher e filhos que eu amo; uma profissão modesta, mas na qual tenho êxito; uma casa muito linda e muitos amigos. É bem verdade que tenho alguns motivos de preocupação, mas me sinto bastante satisfeito em minha vida...

Sócrates: Então por que sair correndo para comprar um menir, se acha que vem tendo êxito na vida?

Julius Cretinus: Com certeza, Sócrates, porque os outros não sabem. Se eu ostentar um menir no meu jardim, eles certamente pensarão que eu tive sucesso na vida!

Sócrates: Sem dúvida, Cretinus, já que o afirma a opinião comum. Mas como você sabe que isso não é verdade, será que vai extrair daí real satisfação?

Julius Cretinus: Certamente que não. Mas poderei ter certeza de que meus vizinhos e meus amigos pensarão assim, e com isso ficarei tranquilo.

Sócrates: E entre os seus conhecidos há alguém que tenha um menir no jardim?

Julius Cretinus: Naturalmente, Sócrates! Vários!

Sócrates: E você pode afirmar com certeza, sem risco algum de se enganar, que todas essas pessoas são felizes e tiveram êxito na vida?

Julius Cretinus: Certamente que não! Claudius é infeliz no casamento; Lucius não para de se queixar de que os negócios vão muito mal, dizendo que deveria mudar de profissão; Cornelius, apesar de muito rico, nunca se recuperou de seu acidente equestre e passa o tempo todo gemendo; Caius brigou com o filho... com toda a certeza, nenhum deles é realmente feliz.

Sócrates: E no entanto a opinião comum acredita que quando se tem um menir no jardim, é que se teve êxito na vida...

JULIUS CRETINUS: Realmente, é como pensam muitas pessoas.

SÓCRATES: Mas você sabe que essa opinião é equivocada!

JULIUS CRETINUS: Com certeza.

SÓCRATES: Se você sabe, os outros sabem também. Todos nós conhecemos cretinos, viciados e homens muito infelizes que têm magníficos menires no jardim.

JULIUS CRETINUS: É verdade.

SÓCRATES: E apesar disso você acredita que, por ter igualmente um menir no jardim, os outros acreditarão que você é feliz e o invejarão?

JULIUS CRETINUS: É pouco provável, Sócrates.

SÓCRATES: Então, por que comprar esse menir, se você sabe por experiência própria e por reflexão que o que Seguelus disse é uma besteira e uma mentira?

JULIUS CRETINUS (*hesitando*): Você tem razão, Sócrates. Eu fui atrás da multidão sem refletir. Vou agora mesmo voltar para casa.

SÓCRATES: Vá comprar um menir, se gosta de menires. Mas nunca pense que ele vai lhe proporcionar a verdadeira felicidade ou que será uma indicação de seu sucesso como homem. E se encontrar alguém que exiba seu menir muito ostensivamente, pensando com isso atrair a estima dos outros, não o inveje, mas sinta pena dele, pois é um homem bem miserável.

Mas voltemos a Jacques Séguéla. Dias depois, a 20 de fevereiro, ante a chuva de críticas que lhe são dirigidas, ele faz seu mea-culpa no Grande Jornal de Canal+: "Eu disse uma imensa besteira, que se voltou contra mim. As pessoas esperam que eu saiba comunicar." Muito bem, é ótimo ser capaz de reconhecê-lo. Mas ainda assim esta declaração deixa um certo ressaibo de insatisfação. Imaginemos que seu distante antepassado tenha encontrado Sócrates alguns dias depois, após ter confessado seu erro, ante a indignação de uma parte da população.

SEGUELUS: Você viu, Sócrates? Eu reconheci ter cometido um erro grosseiro! Você pode se orgulhar de mim.

SÓCRATES: Se o ouvi bem, você de fato declarou ter cometido um erro. Mas em momento algum o ouvi afirmar que havia dito uma mentira e um absurdo.

SEGUELUS: Que quer dizer, Sócrates?

SÓCRATES: O que você lamentou foi ter se expressado mal, não é mesmo?

SEGUELUS: De fato.

SÓCRATES: Você lamenta ter-se expressado mal, apesar de ser a sua profissão?

SEGUELUS: Realmente.

SÓCRATES: Seu arrependimento diz respeito à forma, portanto, e não ao conteúdo do seu pensamento?

SEGUELUS: Que está querendo dizer?

SÓCRATES: Se você considerasse que havia dito uma falsidade ou uma mentira, teria declarado: eu disse algo errado ou uma mentira. Mas o que fez foi simplesmente dizer que dissera uma bobagem, porque se havia expressado mal. Devo então deduzir que não foi o que você disse que é um erro, mas o fato de tê-lo dito, e que isso atraiu sobre você o sarcasmo da multidão.

SEGUELUS: Não entendo aonde você quer chegar, Sócrates.

SÓCRATES: Você sabe muito bem, Seguelus, mas não gosta de ouvi-lo! Eu não o critico por ter se expressado mal. Isso também acontece comigo. Eu o critico por lamentar simplesmente ter dito o que não deveria ter dito, para que a opinião pública guarde uma boa imagem de você. E no entanto eu esperava de você, como homem virtuoso, que lamentasse ter mentido a todos.

SEGUELUS: Está me fazendo uma grave acusação, Sócrates.

SÓCRATES: Diga-me a verdade, Seguelus: você realmente acredita que possuir um menir no jardim de casa seja sinal de uma vida bem-sucedida?

SEGUELUS: Você é muito esperto, Sócrates! Pois se eu responder afirmativamente, você me dirá que sou grotesco, e se responder negativamente, poderá dizer que menti. No primeiro caso, vou passar por um tolo, e no segundo, por um falastrão.

SÓCRATES: Esqueça por alguns momentos sua imagem e aquilo que vão pensar de você. Responda-me com sinceridade, Seguelus. Qual é para você o verdadeiro sinal de uma vida bem-sucedida? O fato de ter um menir no jardim de casa ou de possuir algum outro objeto de valor?

SEGUELUS: É realmente o que penso.

SÓCRATES: E você nunca reparou que muitos homens que têm menires são infelizes, bêbados, dissipados, ignaros e que ninguém os inveja?

SEGUELUS: Ninguém poderia negá-lo, Sócrates.

SÓCRATES: E não observou, em sentido inverso, que muitas pessoas que não têm recursos para comprar um menir são felizes, virtuosas, amáveis, de tal maneira que desejaríamos nos assemelhar a elas?

SEGUELUS: Realmente, é possível.

SÓCRATES: É fácil deduzir, assim, que o fato de possuir um menir ou algum outro objeto precioso de maneira alguma é sinal de uma vida fracassada ou bem-sucedida, feliz ou infeliz, e que você disse um absurdo tão grande quanto o menir plantado no seu jardim.

SEGUELUS: Com certeza, Sócrates, eu o reconheço de bom grado: a posse de um objeto nunca foi capaz de tornar um homem feliz de maneira duradoura. Eu o disse por brincadeira, para ver aonde nos levaria, e constato que você se mostra à altura de sua reputação!

SÓCRATES: Se observar a si mesmo e às pessoas ao seu redor, que poderá dizer que as torne felizes e sirva de garantia de uma vida bem-sucedida?

Seguelus fica pensativo.

SÓCRATES: Ter boa reputação? Cofres cheios de ouro? Muitos escravos? Ou coisas mais interiores: amigos verdadeiros; uma alma serena e tranquila; um conhecimento alegre do Verdadeiro, do Bem e do Belo; uma vida virtuosa, com respeito de si mesmo e dos outros?

SEGUELUS: Com certeza estas últimas alternativas, Sócrates.

SÓCRATES: Você então não é um idiota, mas um mentiroso.

SEGUELUS: Mas é uma palavra forte demais! Eu afirmei aquilo por deformação profissional.

SÓCRATES: Que quer dizer?

SEGUELUS: De tanto inventar anúncios mentirosos para vender objetos, acabei por não ser mais capaz de distinguir o que é verdadeiro do que é falso.

SÓCRATES: Quer dizer então que confessa que se acostumou a não ser mais capaz de distinguir a verdade do erro, o bem do mal?

SEGUELUS: Tenho uma profissão difícil, Sócrates. Cabe a mim elogiar as qualidades de um objeto, por mais inútil que seja. Há muito tempo não penso mais em termos de verdadeiro ou bom, mas em termos de eficácia e lucro.

SÓCRATES: Você é então um perfeito sofista, um desses que falam bonito obcecados com o dinheiro e que só se preocupam em convencer o auditório pela arte oratória, ainda que proferindo erros grosseiros e mentiras lamentáveis?

SEGUELUS: Cada um com sua profissão, Sócrates. Você é filósofo e busca a verdade. Eu sou um pregoeiro e procuro ganhar dinheiro.

SÓCRATES: Você é honesto, Seguelus. Mas que pelo menos aqueles que o ouvem fiquem sabendo: a única verdade nas suas palavras e nas dos seus semelhantes é o lucro. E quanto a ouvi-lo falar da felicidade ou de uma vida bem-sucedida, vai me permitir achar graça das suas besteiras.

SEGUELUS: Você certamente tem razão, Sócrates, vamos rir e beber, pois amanhã estaremos mortos!

SÓCRATES: Eis a razão pela qual devemos todos buscar a verdade, Seguelus. A vida é demasiado curta e preciosa para ficarmos nos distraindo e acumulando um tesouro perecível. Mais vale tentar entender seu verdadeiro sentido e enriquecer nossa alma.

Agradecimentos

Agradeço do fundo do coração a Djénane Kareh Tager por sua preciosa ajuda na elaboração deste livro.

Agradeço também aos amigos filósofos que, cada um a sua maneira, me enriquecem com seus escritos, e com os quais é sempre uma alegria trocar ideias sobre essas questões essenciais: Samuel Rouvillois, André Comte-Sponville, Edgar Morin, Régis Debray, Luc Ferry, Alexandre Jollien, Michel Lacroix, Fabrice Midal.

Site do autor na Internet
http://www.fredericlenoir.com

Site do *Monde des religions*
http://www.lemondedesreligions.fr

**Site do programa
"Les Racines du ciel", de France Culture**
http://www.franceculture.com/emission-les-racines-du-ciel.html

Conheça mais sobre nossos livros e autores no site
www.objetiva.com.br
Disque-Objetiva: (21) 2233-1388

markgraph

Rua Aguiar Moreira, 386 - Bonsucesso
Tel.: (21) 3868-5802   Fax: (21) 2270-9656
e-mail: markgraph@domain.com.br
Rio de Janeiro - RJ